GERHARD MÜNDERLEIN

Christen glauben nicht nur sonntags

Erfahrungen –
für den Alltag notiert

CLAUDIUS VERLAG MÜNCHEN

CIP-Kurztitelaufnahme der Deutschen Bibliothek

Münderlein, Gerhard
[Sammlung]
Christen glauben nicht nur sonntags:
Erfahrungen, für den Alltag notiert
1. Aufl. — München: Claudius Verlag, 1977
ISBN 3-532-61613-0

1. Auflage 1977

Einbandentwurf: Christel Aumann

Satz und Druck: Claudius Verlag München
ISBN 3/532/61613/0

INHALT

VORWORT

Daß Christen nicht nur sonntags glauben, sollte man als Feststellung einer Tatsache betrachten, nicht als Aufforderung, noch mehr zu leisten. Jedoch, wenn ich überdenke, wie das Glauben am Werktag aussieht, stoße ich auf zwei Schwierigkeiten.

Die eine besteht darin, mit alltäglichen Worten zu beschreiben, wie dieser Werktagsglaube aussieht. Er hat nichts Besonderes an sich, schon gar nichts Sensationelles. Trotzdem ist er richtiger, gelebter Glaube. Wir sind keine Heiligen, die Wunder tun können oder an deren Leben sich Massen erbauen. Wir sind normale Christen, deren Glauben eben im Werktagsanzug herumläuft.

Damit hängt die andere Schwierigkeit zusammen. Der Alltag prägt so sehr das Leben, daß viele Menschen gar nicht merken, daß sie glauben. Aber sie tun es. Mit ihrem Verhalten zeigen sie, daß sie glauben. Dem lohnt sich nachzugehen. Nicht zuletzt deshalb, weil mancher auf diese Weise feststellen kann, daß es mit ihm nicht so schlecht bestellt ist, wie er manchmal meint.

Von diesem Blickpunkt her habe ich die Beiträge dieses Buches geschrieben. Sie sind in den letzten Jahren unter der Überschrift „ABC des Glaubens“ in der Zeitschrift „neues dorf“ erschienen. So ist auch zu erklären, daß die Themen kunterbunt durcheinandergehen. In den Handbüchern der Glaubenslehre muß man sich an eine bestimmte Ordnung halten. Beim Glauben am Werktag sicher nicht.

Gerhard Münderlein

NÄCHSTENLIEBE MIT 100 SACHEN

Auf einer Überlandstraße fährt mit hoher Geschwindigkeit ein Auto. Ein anderes nähert sich von der Seite mit ebenso großer Schnelligkeit. Der eine Pkw setzt seine Fahrt ohne Geschwindigkeitsänderung fort. Der Fahrer des anderen bremst, hält, biegt ein und geht wieder auf volle Fahrt.

Hunderttausendmal pro Tag geht dieser Vorgang gut. Einige Male nicht. Dann krachen Blech auf Stahl und Menschen sterben, während Blaulichter herbeirasen.

Was ist geschehen? Im Normalfall sagen wir: Die Fahrer haben sich an die Verkehrsregeln gehalten.

Das ist mir zu wenig gesagt. Es geschieht wesentlich mehr! Wie wenig Blechschilder am Straßenrand und gedruckte Paragraphen bedeuten, beweisen die Unfallziffern jedes Jahres. Wenn alles „normal" verläuft, hat jeder Fahrer eine menschliche Leistung vollbracht. Jeder sieht den anderen kommen und schätzt die Lage ab. Der eine bringt dem anderen das unbedingte Vertrauen entgegen, daß er sich an die Regeln hält. Dabei riskiert er sein Leben und das der Insassen. Der andere Fahrer überwindet seinen sehr menschlichen Wunsch ungehindert so zu fahren, wie es ihm gerade paßt.

Vertrauen zueinander

Der eine Fahrer gibt sich dem anderen völlig preis; der andere überwindet sich selbst. In diesem Vertrauen zueinander und der Unterordnung sehe ich die wesentlichen Merkmale der christlichen Nächstenliebe ausgedrückt. Nächstenliebe mit 100 Sachen — in Kurven, im Knäuel der Großstadt; Nächstenliebe an Gas- und

Bremspedal — hundertfach während einer Fahrt, millionenfach an einem Tag.
Wir haben uns unnötigerweise daran gewöhnt, Nächstenliebe gleichzusetzen mit Innerer Mission, Diakonissen, Klingelbeutel und seelsorgerlichen Worten. Das ist aufs Ganze gesehen nicht falsch. Aber es ist weniger als ein Viertel. Es gehört zu den schlechten Angewohnheiten vieler Christen (zu denen ja auch Pfarrer gehören), die Nächstenliebe, die Agape, so hoch zu stellen, daß sie chemisch rein, ideal — aber unerreichbar wird. Das ist dumm, aber praktisch; dumm, weil es nicht stimmt; praktisch, weil man sich nicht mehr mühen muß in dem Bewußtsein, das Ideal doch nie zu erreichen.

Nächstenliebe bei der Ausfahrt

Tatsächlich beginnt Nächstenliebe schon bei der Garagenausfahrt. Natürlich kann man sagen: Wer sich an Verkehrsregeln hält, tut es nicht aus Liebe zum andern, sondern nur seinetwegen. Sehr oft dürfte das richtig sein. Damit stehen wir unmittelbar bei dem berühmten Christuswort, das aus dem Alten Testament stammt: „Liebe deinen Nächsten wie dich selbst!" (Mark. 12,31; 3. Mose 19,18).
Es ändert sich bei diesem Wort nur die Reihenfolge. Aber offenbar kommt es darauf gar nicht so sehr an. Eigenliebe und Nächstenliebe müssen nicht unbedingt im Widerspruch stehen zueinander. Wer sich selbst liebt, kann oft viel eher sich dazu überwinden, den anderen auch „mitkommen" zu lassen. Im Verkehr bedeutet das häufig genug Lebensrettung für beide.
Das gilt schon für den Normalfall. Ohne diese selbstverständlich geleistete Nächstenliebe unzähliger Guter

und Böser, über die Gott täglich die Sonne aufgehen läßt, bräche unser modernes menschliches Leben restlos zusammen.

Es gibt auch Sonderfälle. Hier wird die Angelegenheit als Akt der Nächstenliebe deutlicher sichtbar; ist demzufolge auch etwas schwerer zu leisten.

Da behindert der Dummkopf oder der Verkehrsrowdy meine Fahrt. Ich bin im Recht. Ich könnte es darauf ankommen lassen. Wer hier vorausdenkt, wer blitzschnell reagiert, wer notfalls sich selbst riskiert — erfüllt das Gebot Christi. Meist wird er gar nicht auf den Gedanken kommen, seine Handlungsweise so zu betrachten. Oft genug wird er sich nur ärgern, manchmal auch Schaden haben. (Nächstenliebe und Ärger scheinen oft sich zu verschwistern.) Aber auch dann dürfte das Wort Christi erfüllt sein: Was ihr einem dieser Kleinsten (Dümmsten? Frechsten?) getan habt, das habt ihr mir getan.

Da hat ein Fahrer seinen schlechten Tag. Er vergißt den Blinker rechtzeitig zu betätigen, übersieht den Gegenverkehr, bremst jäh auf offener Straße. Mit quietschenden Bremsen wird ihm in Sekundenbruchteilen Verzeihung gewährt — also die tiefste Form christlicher Nächstenliebe erzeigt —, auch wenn Hupen protestieren und manches Schimpfwort ungehört hinter den Windschutzscheiben vergeht.

Von der Liebe leben beide. Beide bleiben weiterhin darauf angewiesen.

Wer hebt den Finger?

Sprechen wir nicht von weiteren Sonderfällen, wie z. B. dem Ausländer in der Einbahnstraße, dem Mütterchen bei Rot auf der Kreuzung, dem Abschleppen

bei Pannen, dem Verbandkasten bei Unfällen. Hier geht es nur um den plattesten Alltag der Nächstenliebe — und auch da nur um eine ihrer Erscheinungsformen.
Es läge nahe, immer wieder den Zeigefinger zu heben und auf Gebote und Gesetze hinzuweisen.
Gehen wir lieber einen anderen Weg. Jeder Verkehrsteilnehmer kann unschwer feststellen, wie oft ihm im Lauf der letzten Woche Nächstenliebe widerfahren ist. In Normalfällen, in Sonderfällen. Daraus lassen sich unschwer Konsequenzen ziehen.

GOTT ALS LÜCKENBÜSSER?

Diese Seite schreibe ich noch voller Ärger, obwohl der Anlaß dazu schon lange zurückliegt. Ich ärgere mich darüber, daß man sich so viel gottlosen Unfug anhören muß, daß so viele Leute mitmachen und — darüber, daß ich selbst immer wieder darauf hereinfalle.

„Jetzt hilft nur noch beten"

In den Tagen, als das schwerbeschädigte Raumschiff Apollo 13 zum Mond und zurück trieb, jagten sich die Zeitungen mit Eilmeldungen und Schlagzeilen. Am vorletzten Tag häuften sich die ungünstigen Nachrichten. Die Befürchtung kam auf, daß die Astronauten ersticken oder an der Erde vorbeirasen könnten. Da erschien eine Boulevardzeitung mit der knalligen Überschrift: „Jetzt hilft nur noch beten."
Da schau her, dachte ich. Hat die weltweite Angst- und Sympathiewelle in der Not beten gelehrt? Viele sind doch nicht so gottlos, wie sie sich geben und wie man oft denkt.
Aber dann fiel mir ein:
Täglich sterben bei uns etwa 45 Menschen den Verkehrstod. Nur ein paar von ihnen — die sensationellen Fälle — erscheinen im Blättchen.
In den Tagen von Apollo 13 verschüttete eine Lawine über 70 Menschen. Zeitungen schrieben von einer Katastrophe. Man fragte nach menschlichem Versagen. Zu gleicher Zeit trieben Hunderte von toten Vietnamesen den Mekongfluß abwärts. Da gab es keine Schlagzeile. Da beteten die gleichen Zeitungen nicht.
Übrigens dachten die Astronauten genausowenig wie

die Zeitungen und ihre Leser daran, die restlichen 150 000 Kilometer zur Erde betend zu verbringen. Sie froren, aßen, schliefen und rechneten vor allem endlose Zahlenkolonnen. Und als es Zeit war, zündeten sie das Triebwerk zur lebensrettenden Kurskorrektur. Die Blätter druckten weiter Schlagzeilen und kassierten Verkaufsgelder. Bei der glücklichen Landung war von keinem allgemeinen Gebetsaufruf mehr die Rede.

Fromme Phrasen

Gebetet wurde in der Tat. Auf dem Flugzeugträger bei der glücklichen Rettung, vorher in der Raumkapsel und überall auf Erden. Ich wäre der letzte, der etwas gegen das Beten hätte.

Aber ich habe etwas gegen die Worte „nur noch". Die hasse ich, weil sie Gott zum Lückenbüßer machen und das Beten zum Verlegenheitskleister. „Jetzt hilft nur noch beten" heißt gar nichts anderes als: solange man selbst etwas tun kann, braucht man nicht zu beten. Man kann es sich als Luxus leisten, aber so ganz ist die Notwendigkeit nicht einzusehen. Die Schlagzeile bedeutet: Solange der Mensch arbeiten kann, ruht Gott und sieht zu, was da passiert. Erst wenn menschlicher Geist und Kraft am Ende sind, dann greift Gott in seine Trickkiste und holt eine Katastrophe oder ein Wunder heraus. Je nachdem. Das Gebet wäre dann so eine Art Weckapparat für Gott, daß er jetzt aufwachen soll, und zugleich der letzte Versuch des Menschen, die Sache doch noch zu schaukeln.

So reden, wie es diese Schlagzeile tut — und so sagen täglich hunderttausend Menschen —, heiße ich fromme Phrasen dreschen. Sicher war es gut gemeint. Aber es war total falsch geredet. Nicht nur von der Glaubenslehre, sondern vor allem von den tatsächlichen Ereignissen her. Hätte die Belegschaft der Kontrollstelle in Houston nur noch gebetet, wären drei Mann in der Atmosphäre verglüht oder hinausgetrieben in die eisige Unendlichkeit.

Das Loch im Leben

Apollo 13 bietet uns ein recht deutliches Beispiel unseres Lebens. Wir befinden uns auf engem Raum, umgeben von Arbeit, auf einigermaßen vorausberechnetem Kurs — aber genaugenommen treiben wir durch die Leere von Zeit und Raum. Wir arbeiten, mit Erfolgen und Pannen, beheben letztere gelegentlich und vergrößern (oder zerstören) erstere. Wir schaffen uns Freude oder Leid und planen ein Ziel. Plötzlich gibt es eine Explosion, die die Außenhaut unseres Lebens aufreißt. Wir erleben die Gefahr des Todes. Wir arbeiten und hoffen weiter wie vorher — aber eines Augenblicks ist der Weg ohne Happy-End zu Ende. Unwiderruflich!

Wie verhält sich dabei der Mensch zu Gott? Wie passen eigene Arbeit und Gebet zusammen?

Wenn es Gott wirklich gibt, dann ist er vom ersten Anfang an bis zum ganzen Ende dabei (und ein Stück weiter). Er sitzt nicht untätig herum, bis der Mensch ihn endlich mit einem Gebetsanruf in die Lücke springen läßt. Das heißt aber nichts anderes als: Gott und Mensch arbeiten gleichzeitig am Schicksal, mit verschiedenen Händen, auf unterschiedliche Art.

Gott ist nicht nur dazu da, das Loch im Leben zu stopfen. Er schafft das Leben und bleibt dabei. Der Mensch arbeitet mit ihm zusammen bis zum Ende.

Das Knüpfen des Schicksals

Es gibt den alten Spruch: Bete und arbeite. Das ist richtig, klingt aber ein bißchen zu schiedlich-friedlich. Er verleitet zu Schlamperei nach beiden Seiten. Besser ist die Mahnung eines berühmten Erweckungspredigers, so zu arbeiten als gebe es kein Gebet und so zu beten, als gebe es keine Möglichkeit irgend etwas zu tun.

Wir haben zwei Hände. Mit einer arbeitet Gott, mit der anderen wir. Wir wissen nicht mit welcher. Aber mit beiden knüpfen wir den Teppich unseres Schicksals. Die Fäden laufen ineinander. Wir versuchen das Muster zu bestimmen. Es gelingt uns – und doch verändert es sich. Gott zieht seine Fäden in unsere hinein. Manchmal können wir sie erkennen. Dann sagen wir: Alles ist Gnade. Oft sehen wir nur unser eigenes Werk – glänzende Erfolge, peinliche Fehler, ganz gewöhnlicher Alltag! Wer kann schon jeden Augenblick unterscheiden, von wem das eine oder andere stammt? Gott bleibt mit uns in hautnaher Tuchfühlung. Wir arbeiten, weil Gott Wollen und Vollbringen bewirkt.

Gott ist nicht Lückenbüßer, sondern Partner unseres Lebens.

HÖREN LERNEN

„Kannst du denn überhaupt nicht hören?" fauchen oft genug ärgerliche Eltern ihre vergeßlichen Kinder an. – „Sie können nur noch schwer hören?" fragt der Arzt den Patienten, der mit Beschwerden zu ihm kommt. „Kannst du mich hören – mir zuhören, mich verstehen?" fragt jeder Mensch, der mit einem anderen spricht. Er sagt das natürlich nicht laut. Aber er hofft es, erwartet es. Sonst wäre ja alles Reden umsonst.
Und wieviel wird umsonst geredet! Nicht, weil es Unsinn, Geschwätz wäre, sondern weil es nicht richtig gehört wird.
Können Sie zuhören? Oder müssen Sie noch besser hören lernen?

Verschlüsseln

Wir kennen alle aus Spionagegeschichten die Technik des „Verschlüsselns". Eine normale Botschaft wird nach einem bestimmten Muster, einem „Code", verändert. Die Buchstaben erscheinen verkehrt, in umgedrehter Reihenfolge, als sinnlose Wörter – oder auch als eine sinnvolle Botschaft, nur daß sie etwas völlig anderes bedeutet, als man auf den ersten Blick meint. Als Buben bemühten wir uns, „Geheimbotschaften" zu verfassen: Jeweils der erste Buchstabe eines Wortes „galt" – die Worte selbst waren gleichgültig. „Heute öffnet Richard eine Nuß" würde nach diesem Code bedeuten: „H-ö-r-e-n". Ähnliches sprechen wir, ohne es zu merken. In die Worte, auch in die Sachmitteilungen, legen wir geheime Zeichen hinein, Gefühle, Ängste, Hoffnungen, Erwartungen, Bitten. Wer Ohren hat zu hören, kann hören, was da zwischen den Zeilen gesagt wird.

Entschlüsseln

Vor kurzem beschäftigte sich eine Gruppe Studierender mit diesem Problem des Hörens. Jeder schrieb auf einen Zettel den Satz, den eine etwa fünfzigjährige Arbeiterin zu einer Besucherin gesagt hatte. Er lautete: „Da drücken's dir ein' Hammer in die Hand, dann stehst da bis zur Rent'n und mußt schaun, wies'd fertig wirst." Jeder der jungen Leute, die das Zuhören lernen wollten, schrieb auf den Zettel, was er vernahm.
Wollen Sie das als eine Art Test mitmachen? Sie hören bestimmt auch etwas.
Zum Beispiel das Gefühl der Unterlegenheit, des Ausgeliefertseins an „die da droben", die einem den Hammer in die Hand drücken. Sie will schon schaffen, diese Arbeiterin – und sie muß es ja auch, um ihr Geld zu verdienen –, aber sie leidet unter der zu schweren Arbeit am Fließband; der Hammer ist einfach nicht das richtige Arbeitsgerät für sie. Aber wer gibt ihr ein anderes? Und in ihr steigt die Angst auf, ob sie gesundheitlich durchhält. Denn erst, wenn „die Rente" kommt, beginnt das freie Leben. Vielleicht ist sie dann ihr eigener Herr, hat ein Stück Freiheit, kann noch ein bißchen das Leben genießen.
Hören Sie das auch – oder noch mehr? Die Studierenden diskutierten lange über diesen einfachen Satz. Sie wollen Pfarrer werden. Daher halten sie es für notwendig, genau und gut zuhören zu können.

Hören lernen

Alles will gelernt sein – und man kann es lernen; auch das Zuhören. Was wir am leichtesten vernehmen, sind unsere eigenen Gedanken und Worte. Die scheinen uns allemal klar, wichtig und verständlich zu sein. Und wenn wir nicht so gehört und verstanden werden, wie wir das wollen, werden wir enttäuscht oder ärgerlich.
Wie viele Ehen kommen täglich in Gefahr, nur weil keiner der beiden Partner richtig zuhören kann. Das muß gar keine Bosheit sein; beide haben es nur nicht gelernt, die „Sprache" des anderen zu verstehen. Wie oft reden Kinder und Eltern, Vorgesetzte und Mitarbeiter aneinander vorbei, weil jeder meint, es wäre so einfach und glasklar, was da gesagt wird.

Hören und Nächstenliebe

Hören und Zuhören haben sehr viel mit Nächstenliebe zu tun. Diese hat viele Formen. Nicht nur Geld geben, Zeit opfern, große oder kleine Taten tun. Zuhören ist eine der ganz wichtigen Formen des christlichen Glaubens und der Liebe.
Einer, der das Hören offenbar sehr gut konnte, ist allerdings der Ansicht, daß er das nicht allein aus eigener Kraft schafft. Er sagt: „Der Herr weckt mir das Ohr, daß ich höre wie ein Jünger" (Jesaja 50, Vers 4). Gott putzt seinen Jüngern die verschlafenen Ohren. Vielleicht sollten wir diesen Satz gelegentlich in ein Morgengebet umwandeln. Ich bin mir sicher, daß wir dann im Gerede des Alltags neue Töne hören würden. Oder noch mehr: Wir können dann Menschen mit den Geheimnissen ihrer Seele entdecken.
Auch wenn Gott die eigentliche Kraft zum Zuhören

gibt, bleibt es allemal unsere Arbeit, es noch besser zu lernen. Es ist einfach zu wenig bekannt, daß man diese Kunst lernen und üben kann.

Übungsmöglichkeiten

Ein anderes Beispiel: Sie haben diesen Satz schon tausendmal gehört: „Da kann man halt nix machen."
Was hören Sie? Wut — Resignation — Ärger — Verzweiflung — belustigter Spott — oder vielleicht gar ein sehr verschleiertes Glaubensbekenntnis? Es könnte heißen: „Mit unsrer Macht ist's nicht getan — da kann nur Gott helfen, auf ihn verlasse ich mich"; oder: „Alles menschliche Tun ist umsonst, die Welt und ihre Menschen sind verrückt, zum Teufel mit allen!"
Da macht der Ton die Musik. Aber Töne müssen erst einmal gehört werden. Wer diese Kunst übt und versteht, bleibt nicht draußen auf der Straße, vor der Fassade der Menschenhäuser und -leben stehen. Ihm wird eine Tür aufgetan, und er darf ins Privatzimmer des inneren Lebens. Und wer das Ohr eines Jüngers bekommt, kann Grüße von Gott hören und ausrichten.
Eine Frage zum Schluß. Sicher sprachen Sie in letzter Zeit einmal mit Bekannten über einen Menschen, der ab und zu Ihnen und Ihrer Umgebung Schwierigkeiten macht, vermutlich sagte einer: „Den muß man halt so nehmen, wie er ist." Was haben Sie da alles dabei gehört?

SPRECHEN LERNEN

Eltern wissen, daß zwischen dem ersten und zweiten Lebensjahr die Zeit beginnt, in der Babys zu sprechen beginnen. Wie schwer sich ein zahnlos gewordener Greis — vielleicht trotz Gebiß — mit Sprechen tut, kann jedermann erleben. Daß die Kunst, Sprechen zu lernen, bis zum Verstummen im Tode gelernt werden kann und muß, wird von den meisten Menschen übersehen.

Wörter und Sätze sprechen

Das erste Wort meines Sohnes lautete „gu". Es bedeutete „aufmachen", „zumachen", „Türe" und auch „Deckel". Der einfache Ausruf „gu!" oder „gu?" konnte bedeuten: „Vati, bitte mach die Tür auf" oder „Mutti, wo ist der Deckel für den Topf?" Wie lange Zeit es dauerte, das mit diesen Worten und Sätzen auszudrücken, was das Baby ursprünglich mit zwei Buchstaben sagen konnte, weiß ich nicht mehr. Es muß eine lange Lernzeit vergangen sein.
So viel ist mir jedenfalls klar: Weder Schulabschluß, Abitur, Examen, Meisterprüfung bedeuten das Ende der „Sprechschule". Mir geht es so: Wenn ich irgendwelche Bastelsachen kaufen oder Reparaturen im Haushalt ausführen will und einiges dazu brauche, stottere ich im Laden manchmal recht lange, bis ich beschreiben kann, was ich will. Die Verkäuferin dagegen oder der Handwerker, mit dem ich spreche, kennen alle Fachausdrücke und amüsieren sich unter Umständen über den ungeschickten Pfarrer, der sich nicht einmal richtig ausdrücken kann. Andererseits

sitzt mancher blitzgescheite und tüchtige Arbeiter oder Bauer ziemlich hilflos vor einem dieser verflixten Fragebogen oder der in Beruf und Familie fabelhafte Vereinsvorstand läßt sich die Rede für die nächste Festversammlung von einem anderen schreiben. Man lernt nie aus.

Meinungen aussprechen

Beim Sprechen (und Schreiben) geht es ja nicht nur darum, etwas über Gegenstände zu sagen, wie etwa „Das Essen schmeckt gut“ oder „Für morgen plane ich die und die Arbeit“. Das lernt sich noch verhältnismäßig leicht. Viel schwerer ist es, seine Meinung zu äußern, beispielsweise bei politischen Versammlungen, im Gemeinderat, zu wirtschaftlichen Planungen, bei der Behandlung weltanschaulicher Fragen. Dazu braucht es eine gute Portion Sachwissen und auch Mut; aber dazu eben noch die Fähigkeit, die Worte so aneinander zu fügen, daß sie wirklich die eigene Meinung präzis ausdrücken und diese dann vom anderen auch richtig verstanden werden kann. Aber wer ernstgenommen werden will in Familie und Öffentlichkeit, muß die Kunst des Sprechens lernen — und vor allem ständig üben.

Gefühle äußern

Noch schwieriger wird es für die meisten Menschen, wenn es darum geht, die eigenen Gefühle auszusprechen. Ärger und Wut von sich zu geben, können die meisten von uns. Aber nicht alle. Sie schlucken ihre Worte (mitsamt den Gefühlen) hinunter und bekommen dann vielleicht Magengeschwüre. Es tut uns so gut, wenn wir einem Freund von unserer Angst, von geheimen Hoffnungen, Enttäuschungen, von Glück und Trauer erzählen. Manchmal hängt sogar ein geordnetes Seelenleben davon ab, hin und wieder einmal ungeordnet aus uns herauszusprudeln, was uns belastet und beflügelt.

Auch für andere Menschen ist es oft lebenswichtig, unsere Gefühle zu hören. Kinder – aber genauso Ehegatten, ja sogar Vorgesetzte – müssen immer wieder hören, wie wir uns mit ihnen freuen, mit ihnen trauern, müssen hören, daß wir stolz sind, verzagt, hoffnungsvoll, voller Liebe oder Mitleid. Manche Ehe, manche Gemeinschaft sind einfach ausgetrocknet und zerbrochen, weil keiner der Beteiligten es genügend lernte, seine Gefühle auszusprechen.

Von Gott reden

Wenn wir von einem ausführlichen Gespräch unter Bekannten und Freunden berichten, sagen wir manchmal: „Wir redeten über Gott und die Welt." Wenn wir dann aber näher nachprüfen, wurde doch nur über die Welt geredet. Warum eigentlich nicht auch über Gott?

Es fällt uns unglaublich schwer. Am liebsten überlassen wir das den Pfarrern und Sektenleuten. Die müssen es sozusagen „berufsmäßig" tun. Woran liegt es nur, daß wir über Geldschwierigkeiten, Erziehungsprobleme, Krankheiten, ja sogar über die intimen Seiten des Ehelebens verhältnismäßig leicht sprechen – nur nicht über Gott? Er gehört doch genauso – und noch mehr! – zu unserem Leben. Um ihn kreisen sehr viele unserer und fremder Meinungen und Gefühle.

Wie und was könnten wir dann von ihm reden? Das

wahrscheinlich: Wie Gott beschaffen sein könnte, was wohl sein Wille sei in dieser oder jener Situation, auf welche Art er in unser Leben eingreift — oder nicht, warum und warum nicht. Wir könnten auch klagen, daß wir so wenig von ihm merken oder feststellen, daß er uns manchmal fröhlich macht, tröstet, uns hin und wieder strapaziert oder unsicher werden läßt.
Es gibt eine ganze Menge von Gott zu reden. Vielleicht empfiehlt es sich auch, einmal in der Bibel nachzuschlagen oder in einem Buch, in dem andere Menschen ihre Meinung äußern.
Das werden bestimmt interessante Gespräche werden, vor allem dann, wenn wir keine Angst haben, „etwas Falsches" zu sagen. Es kommt darauf an, daß jeder seine Meinung möglichst präzis äußert — und sie damit zur Diskussion stellt. Das allerdings führt zu einem weiteren Punkt.

Über den Glauben sprechen

Es wird sich als nötig erweisen, daß wir nicht nur theoretisch über Gott reden, sondern praktisch und das heißt persönlich. Was halte ich eigentlich von Gott, was erwarte ich, wo hilft er mir, wo nicht? Was habe ich von anderen Leuten dafür oder dagegen gehört und gelernt? Auf diese Weise fangen wir an, über unseren Glauben zu sprechen. Das aber fällt den meisten Menschen außerordentlich schwer, und das Erlernen solcher Gespräche ist mühsam und geht langsam vor sich.
Wir genieren uns einfach, über eine so private Angelegenheit zu sprechen, wie sie unser Glaube, unser Verhältnis zu Gott darstellt. Und warum? Ich habe den Eindruck, daß ich mich immer dann geniere, wenn

ich mich unsicher fühle. So wird es auch hier sein. Aber merkwürdigerweise schweigen wir das Gebiet des Glaubens lieber tot, statt uns zu üben, darüber zu sprechen. Auf jedem anderen Gebiet suchen wir Informationen, Diskussionen, um fit zu werden und mitreden zu können.

Warum lernen wir so schwer über unseren Glauben zu sprechen? Es gibt die inneren Gründe – unsere Ängstlichkeit und Unsicherheit. Es finden sich auch äußere Ursachen: Der oft so theoretische Religionsunterricht, die unpersönliche Form des Gottesdienstes, autoritäres und dogmatisches Verhalten von Pfarrern und manches mehr.

Das alles aber sollte uns nicht abhalten, einige Versuche zu machen, das Sprechen über unseren Glauben zu lernen.

VERSICHERN UND GOTTVERTRAUEN

Man kann so ziemlich alles versichern lassen: Seine Gesundheit, die Kühe im Stall, die Aussteuer der Tochter, sogar die schönen Beine der Dolores. Manchmal ist es ein Problem, die Versicherungsvertreter halbwegs anständig wieder zur Haustüre hinauszubekommen. Auf jeden Fall bleibt es ein schier unlösbares Rechenexempel, welche Versicherungssparte sich lohnt und welche Gesellschaft die günstigsten Bedingungen bietet.

Damit ist es aber nicht genug. Es gibt wohl kaum einen Leser, der nicht bei irgendeiner Versicherung Beitrag zahlt. Aber: Im Lauf seines Lebens stößt jeder Christ immer wieder mehr oder weniger hart mit dem Wort Christi zusammen: „Sorget nichts!" (Matth. 6,25 bis 34). Normalerweise schieben wir diese und die damit verbundenen Mahnungen einfach beiseite. Sie scheinen so unerfüllbar zu sein, daß es sich nicht lohnt, sich damit zu beschäftigen. Gerade bei ernsthaften Menschen kann ein Stück schlechten Gewissens zurückbleiben. Bedeutet Versicherung zahlen nicht an einem Punkt ein mangelndes Gottvertrauen? Es sieht ja so aus, als wolle man eine Fügung Gottes oder gar ein Strafgericht vorher wenigstens finanziell absichern. Wie steht es mit schlechtem Gewissen, versichern und Gottvertrauen?

Auch wenn Jesus von der Unnötigkeit spricht, für Kleider, Essen, Trinken zu sorgen, und fordert, solche Sorgen Gott allein zu überlassen, so predigt er damit keinen Schlendrian, kein asoziales Schnorrertum. Er selbst lebt ja nicht so einfach in den Tag hinein; er plant seine Lebensführung, er lädt sich beispielsweise bisweilen zum Essen ein, er läßt sich den Saal und das Essen zum Abendmahl herrichten. Jesus plant auch seine Zukunft: Den Termin des Todesweges nach Jerusalem legt er selbst fest. Aber er tut eines nicht, nie und keinesfalls: Jesus stellt sein Leben nicht ausschließlich auf seine eigenen Füße, baut nicht allein auf seine Ideen (obwohl es gerade ihm keiner übel nehmen könnte); Jesus läßt Gott den Weg vorzeichnen, richtet seine Gedanken nach Gottes Willen.

Wer sorgt, tut so, als hinge die Zukunft allein von ihm ab. Wer sorgt, macht sich zum Mittelpunkt der Ereignisse. Die Welt aber, auch unsere kleine Alltagswelt, hat einen anderen Punkt, um den sie sich dreht; immer noch bewegt Gott die Räder des Geschehens. Aber in seiner Güte läßt er die vorwitzigen Menschen bis zu einem gewissen Grad in das hineinspitzen, was da zu erwarten ist.

An diesem Punkt liegt Ursprung und Berechtigung der Versicherungen. Niemand kann mir voraussagen, zu welchem Termin ich krank werde. Die Versicherungsstatistiker aber können mir ziemlich genaue Auskunft geben, in welchem Alter leichter, und in welcher Art ich voraussichtlich krank werde. Aus Millionen von Menschenleben läßt sich errechnen, daß z. B. Frauen häufiger den Arzt brauchen als Männer, oder die meisten Autounfälle von Jugendlichen verursacht werden. Solche Voraussagen sind möglich, weil sich im Normalfall Gott an gewisse Spielregeln hält. Deshalb können Versicherungsrechner auch einen Beitrag festlegen. Für, sagen wir 300,– DM pro Monat kann man hoffen, halbwegs gute Leistungen einer Privatkasse für eine Familie zu bekommen. Aber was ist das? Einer allein stellt keine Versicherung dar. Er könnte mit seinem Geld ein Vermögen ersparen – wenn er gesund bleibt; er kann aber auch schon nach einem Monat pleite gehen, wenn eine Operation kommt. Erst viele zusammen ergeben die Versicherung, je mehr, um so besser und sicherer. Es entsteht also so etwas wie eine Gemeinschaft, nicht der Heiligen, bestimmt nicht. Aber eine Gruppe von Menschen tut sich zusammen, die zuläßt, daß ihr Geld denen ausbezahlt wird, die es gerade am nötigsten haben.

Man kann ruhig von einer besonderen Art von Nächstenliebe sprechen, die hier praktiziert wird. Das Merkwürdigste daran ist, daß jeder Versicherungsteilnehmer natürlich nur an sich und seine Sicherung denkt, daß Aktionäre und Direktoren der Gesellschaften überwiegend auf das Verdienen sehen und trotzdem der Effekt der gegenseitigen Hilfe, des Füreinandereinstehens nicht ausgeschlossen wird. Je besser das Geschäft floriert, um so besser klappt auch die Auszahlung der Nächstenliebe auf egoistischer Basis.

Solche Überlegungen machen es mir leichter, ohne schlechtes Gewissen einen Vertrag zu unterschreiben. Denn auch bei pünktlicher Bezahlung der Beiträge ist ja die Sorge nicht weggeblasen, vor der Christus warnt. Auch die fetteste Lebensversicherung bewahrt nicht vor dem Sterben, die Kraftfahrzeugversicherung nicht vor dem Unfall, bei dem ein Mensch invalid gefahren wird. Dann stehen die Sorgen riesengroß ins Haus und warten darauf, ob der Glaube sie allmählich hinausdrängen kann.

Da ist es besser, manche Versicherungsvertreter vorher hereingelassen zu haben, damit nicht noch die Schuld dazu kommt, an der Familie (Krankenversicherung!) oder an anderen Menschen (Haftpflichtversicherung!) oder an Besitz- und Berufsgütern (Berufsversicherungen!) etwas versäumt zu haben. Die Furcht vor solcher Schuld sollten wir genauso ernst nehmen wie die Furcht vor egoistischen Sorgen.

Geld und Versicherungen gehören zum Bereich des ersten Glaubensartikels, zum weiten Feld der Schöpfung. Deshalb können wir uns getrost damit einlassen – wenn auch mit Vorsicht, da leider der Teufel auch in diesem Topf rührt. Versicherungen geben keine Erlösung, aber ein Stück Beruhigung und Hilfe und atmen einen Hauch von Nächstenliebe. Deshalb führen sie nicht von Gott weg, sondern auf ein verantwortliches Leben zu.

ESSEN UND TRINKEN

In der Passions- und Osterzeit gehen mehr Leute als sonst zu den Abendmahlsfeiern in die Kirchen. Nachdenkliche Menschen stoßen in ihren Gedanken auf viele Fragen. Sie beginnen bei dem Problem, ob Jesus wirklich in der uns jetzt überlieferten Form das Abendmahl eingesetzt hat und hören dort nicht auf, wo wir uns fragen, warum wir teilnehmen und was wir dabei erleben.

Eines der Probleme

Dieser Frage möchte ich zunächst nachgehen. Aus vielen Gesprächen weiß ich, daß immer wieder mit einer gewissen Ratlosigkeit und Traurigkeit die Feststellung getroffen wird: „Ich merke nichts von der Wirkung des Abendmahls." Ich kann dazu nur sagen: Mir geht es meistens auch so.

Dennoch gehe ich — manchmal öfter, manchmal seltener — zum Abendmahl. Folgendes ist dabei für mich von Bedeutung: Ich sehe einen sehr großen Unterschied zwischen der Art und Weise, wie ich als Mensch in meiner Seele etwas erlebe und der Art und Weise, daß und wie Gott handelt.

Wie verschieden wir Menschen etwas erleben, können wir leicht bei einem Gespräch im Familienkreis feststellen. Der eine findet einen gemeinsam verbrachten Nachmittag scheußlich, der andere prima, der dritte ganz normal, der vierte langweilig. Was nun eigentlich geschehen ist, kann keiner objektiv feststellen, nicht einmal ein Außenstehender.

So steht es auch beim Abendmahl. Der eine geht nach

einer Feier gestärkt und getröstet heim, während der andere mit denselben, vielleicht traurigen und beschwerten Gefühlen nach Hause zurückkehrt, mit denen er kam. Ein anderes Mal kann es genauso umgekehrt sein.

Aber daran halte ich fest: Das heilige Abendmahl übt seine Wirkung aus, ob wir es nun merken oder nicht. Denn hier handelt Gott selbst, und er ist nicht angewiesen auf eine gefühlsmäßige Reaktion von uns als Bestätigung dafür, daß er wirklich etwas getan hat.

Ich finde einen Vergleich: Wer über längere Zeit eine bestimmte Arznei nehmen muß, weiß, daß er von der Wirkung einer einzelnen Tablette oder Spritze nichts merkt. Aber auf die Dauer wird die Wirkung spürbar. Vor allem aber merken wir es an unserer Gesundheit, wenn wir die Arznei nicht essen.

So steht es auch mit dem Abendmahl. Letzten Endes kommt es nicht auf das einzelne Erlebnis an — so schön und wichtig es immer wieder ist —, sondern auf die Dauerhaftigkeit der Teilnahme und darauf, daß eine Wirkung von außen auf uns ausgeübt wird. Dadurch ist es sogar möglich, daß wir diese Wirkung auch im Lauf der Zeit stärker spüren.

Störungen

Etwas anderes beschäftigt mich bei der Abendmahlsfeier und macht mir den Zugang je länger, je schwerer. Es ist die äußere Form der Feier, das Stehen um den Altar, die künstliche Hostie, das Nippen an dem Kelch.

Das erste Abendmahl, das Jesus mit seinen Jüngern feierte, war eine richtige Mahlzeit mit Essen und Trinken. So hielten es auch die ältesten christlichen

Gemeinden. Erst im Lauf der Zeit wurde die Feier immer feierlicher und einem gemeinsamen Essen und Trinken immer unähnlicher.
Gibt es da keine Abhilfe? Ich will die althergebrachte Form keineswegs abschaffen. Schon unsere Kirchenbauten und die Bankreihen lassen kaum eine andere Möglichkeit zu. Wir können in ihnen nicht einfach Eßtische aufstellen.
Aber mir scheint, wir könnten verschiedene Formen für unsere Abendmahlsfeiern finden und diejenigen dazu einladen, die ein Bedürfnis danach haben.

Neue Möglichkeiten

Die Abendmahlsfeier, die mich am tiefsten bewegte, sah etwa so aus: Wir waren etwa vierzig Leute und saßen um kleine Tische in kleinen Gruppen. Ein Pfarrer brachte einen riesigen frischen Brotlaib, schnitt ihn auf. Dazu brachten andere große Krüge mit Wein und für jeden ein Glas. Dann erzählte einer die Geschichte von der Einsetzung des Abendmahles. Der Pfarrer sprach die Einsetzungsworte, ein Gebet folgte, einige Gedanken darüber, was wir uns vom Abendmahl erhoffen, worüber wir uns freuen.
Und dann saßen wir beieinander, aßen und tranken — und waren fröhlich. Es war ein Ostermorgen. Hier habe ich deutlich etwas gespürt von der Wirkung des Mahles. Gemeinsamkeit vor allem, Begegnung untereinander und mit Jesus, Hoffnung auf eine gute Zukunft.
Vielleicht sollten wir uns mehr Gedanken machen, wie wir das Essen und Trinken festlicher, erlebnisstärker gestalten können. Ich glaube, es lohnt sich. An Versuchen und Vorbildern fehlt es inzwischen nicht mehr.

DEMUT

Das Wort Demut begegnet uns ziemlich häufig in der Bibel. Auch in Predigten und Gebeten wird es verwendet. Ich habe aber die dringende Vermutung, daß es keiner von uns allzu gerne hört. Wir wenden es am liebsten an, wenn wir einen anderen zur Demut ermahnen. Damit wird deutlich, daß für sehr viele mit „Demut" und „demütig sein" ein schwieriger und meistens unangenehmer Lebensvorgang angesprochen wird.
Das scheint mir Grund genug zu sein, der Sache einmal nachzugehen. Ich beginne mit einer Erinnerung.

Das Spiegelkabinett

Es war vor einigen Jahren. Ich schlenderte über ein Volksfest und ließ mich verlocken, durch ein Spiegelkabinett zu gehen. An vielen verschiedenen Spiegeln wanderte ich vorbei und sah mich in den ungewöhnlichsten Formen. Es war zum Brüllen komisch — und zugleich ein bißchen zum Erschrecken. Im einen Spiegel sah ich mich riesengroß, im anderen winzig klein — und noch dazu auf dem Kopf. Dann wieder erschien ich mir lang, kurz, dünn, dick, wellig, zerknautscht, schiefseitig — ich weiß nicht mehr, wie sonst noch.
Am Ende des Kabinetts vor dem Ausgang hing noch ein Spiegel. Ich war recht froh, als ich mich darin als ganz normalen Menschen sah. So, wie ich gewöhnt war, mir im Spiegel zu begegnen.

Der Zerrspiegel

Das Wort „sich demütigen“ erweckte in mir die Erinnerung an dieses Erlebnis. In welchen Spiegel müßten wir Ihrer Meinung nach hineinsehen, wenn wir demütig sein wollen? Ich habe den Verdacht, daß es viele Leute gibt, die folgendes antworten: „Wahre Demut läßt in den Spiegel blicken, der uns ganz klein zeigt.“ Das würde bedeuten: Wer sich demütigt, macht sich klein und häßlich.
Das allerdings halte ich für ganz und gar falsch. Der Verkleinerungsspiegel ist und bleibt ein Zerrspiegel. Vor allem dann, wenn er uns so klein macht, daß wir keine Einzelheiten mehr sehen können und vielleicht gar noch auf dem Kopf stehen. So stelle ich mir Demut wahrhaftig nicht vor und bin mir sicher, daß auch die Bibel nicht so denkt.

Der richtige Spiegel

Wahre Demut üben heißt sicher nichts anderes als das: Sich selbst so erkennen, wie wir gerade sind. Wir blikken also in den Spiegel, der uns zeigt, wie wir sind – ohne zu beschönigen und ohne zu verzerren.
Es geht darum, daß wir lernen, uns zu sehen mit unseren Runzeln und Schönheiten, unseren Vorzügen und Nachteilen, unseren Stärken, Schwächen, Erfolgen und unserem Versagen in den verschiedenen Bereichen unseres Lebens.

Die schwierige Kunst

Wer sich auf diese Weise in wahrer Demut übt, wird schnell merken, welch schwierige Kunst er erlernen muß. Natürlich haben wir fast alle die Neigung, uns ein bißchen größer zu sehen, als wir eigentlich sind. Auch stecken wir uns hier und dort ein paar Zierden auf, die uns nicht zustehen. Ein guter Spiegel jedoch entlarvt das alles.

Aber er bewahrt uns auch davor, uns kleiner zu machen, als wir sind. Nichts ist fataler, als einem sogenannten guten Christen zu begegnen, der dauernd von seiner Unwürdigkeit, seinen geringen Fähigkeiten und seinen Mißerfolgen berichtet. Das halte ich für Unwahrheit und nicht für Demut. Wer eine stattliche Figur hat, braucht nicht künstlich einen krummen Buckel zu machen. Wer etwas wirklich gut gemacht hat, wer Erfolg hat — bei sich selbst oder anderen —, warum sollte er sein Licht unter den Scheffel stellen?

Wahre Demut lehrt uns, uns zu sehen und anzunehmen, so wie wir sind. Ohne Umschweife. Und noch etwas anderes dazu:

Die anderen

Keiner von uns lebt allein auf dieser Welt. Darum müssen wir uns mit den anderen Menschen vergleichen, die um uns herum leben. Einige davon sind größer, einige führen ein besseres Leben. Andere wieder sind kleiner, andere leben schlechter als wir. Unser richtiger Spiegel zeigt sie uns auch, genauso wie sie sind. Er zeigt auch die Unterschiede. Es wäre falsch und ungerecht, diese Unterschiede zu verwischen. Etwa dadurch, daß wir uns alle gleich klein und gleich schlecht machen wollten. „Demütig sein“ verlangt von uns, diese Unterschiede anzuerkennen, gleichgültig, ob sie zu unseren Gunsten oder Ungunsten ausfallen.

Der andere

Bisher habe ich nur von uns Menschen gesprochen. Es gibt einen anderen. Gott. Er macht die wahren Größenverhältnisse deutlich.
Verglichen mit Gott sind wir Menschen uns alle ziemlich ähnlich — nämlich klein. Das ist klar. Dieses Größenverhältnis müssen wir grundsätzlich anerkennen. Das sollte uns aber nicht dazu verführen, so zu tun, als wären wir auch untereinander ähnlich. Dann nämlich begeben wir uns in ein Spiegelkabinett mit nichts als lauter Zerrspiegeln.
Gott aber will von uns haben, daß wir uns so erkennen, wie wir sind. Wenn wir uns dann anschließend verändern und neue Formen, bessere Gestalt annehmen — um so besser. Aber das ist schon wieder eine andere Frage.

GÖTTLICHE RUHE

Würden Sie es fertigbringen, an einem geschäftigen Vormittag Ihr Arbeitsmaterial aus der Hand zu legen und spazierenzugehen? Haus und Küche bleiben unaufgeräumt, der Bürokram soll sich selbst erledigen, der Meister kann zusehen, wie er die Arbeit zu Ende bringt. Nicht Feierabend, sondern Feiervormittag – „wir pfeifen mal auf das Leben“, wie es in einem modernen Song heißt.
Der eben noch fleißige Mensch geht hinaus, schließt sachte die Tür hinter aller Arbeit und ruht sich aus. Vielleicht wird es ein Nickerchen auf der Bank im Park, ein genüßliches Eis im Café, ein Spaziergang, Arm in Arm mit Frau oder Freundin am Bach entlang durch die Wiesen. Oder – wozu hätten Sie morgen vormittag Lust?

... aber die „Pflichten“

Natürlich ist der Gedanke absurd. Sogar wer möchte, kann sich so etwas nicht leisten. Es geht zumindest ums Geld, vor allem bei den selbständig Erwerbstätigen, wie das Steuerdeutsch so schön sagt, also zum Beispiel bei Bauern, Kaufleuten, Vertretern, Ärzten. Bei den Angestellten geht es um die Stellung (auch heute noch kann gekündigt werden). Schließlich muß die Arbeit getan werden, koste es, was es wolle.
Wirklich? Darf die Arbeit kosten, was sie will? Darf sie uns so mit Haut und Haaren fressen, daß Abnutzungserscheinungen, Herz- und Kreislaufschäden genau in dem Augenblick das Leben abbrechen, in dem es einmal ein bißchen gemütlicher werden könnte?

Es ist auch die Frage zu stellen, wer wirklich ausruhen möchte. Unsere Ruhe wollen wir alle haben. Oft genug. Aber meistens wollen wir dabei nur der Arbeit entfliehen, einmal dem lastenden Druck und der quälenden Hetze entgehen.
Das nenne ich noch nicht das richtige Ausruhen. Es ist ein großer Unterschied, ob einer so lange stehen- oder liegenbleibt, bis sich Herz und Atem wieder beruhigt haben, bis „es gerade wieder geht", oder ob einer ruht. Da geht er im Vollbesitz seiner Kräfte mit langsamen Schritten umher und genießt sein Leben. Vielleicht werkelt er auch an einer Bastelei, oder er pafft seinen Zigarrenrauch in den Himmel und macht sich seine Gedanken.

Der einzige Sinn?

Ist das erlaubt? Ist das normal? Zweifellos. Nur gehört das zu den verschwiegenen Wahrheiten unserer Gegenwart. Wir haben uns so verführen lassen von der Arbeit, daß die Rentner oft genug klagen: „Das Leben hat keinen Sinn mehr; wir können nichts mehr arbeiten." Als ob der einzige Sinn des Lebens die unablässige Berufstätigkeit wäre! Welch kümmerliches Leben, das nur aus Arbeit besteht!
Ich will kein Loblied auf die Faulheit singen. Wohl aber eines auf die Ruhe.
Woher nehme ich das Recht dazu? Unter anderem aus dem bekannten Bibelvers (1. Mose 2,2): „Und Gott ruhte am siebten Tage von allen seinen Werken." Nicht, daß Gott es — ähnlich wie wir! — nötig hätte auszuruhen; aber er macht es. Er tut seine Arbeit, dann tritt er ein paar Schritte zurück, nimmt Abstand und ruht.

Es hat keine Bedeutung, daß es gerade der siebte Tag ist. So wörtlich braucht man den Bericht von der Erschaffung der Welt nicht zu nehmen. Es geht nicht nur um das Ausruhen am Sonntag, die Feiertagesheiligung also. Wir wissen, daß Gott in Jahrmillionen und -milliarden die Welt erschaffen hat und sie am Leben erhält. Aber zwischendurch hält er Ruhe. Er läßt sich nicht auffressen von der Arbeit, auch wenn sie ihm unendlich am Herzen liegt.

Die Welt bleibt neu

Sage keiner, daß Gott nach getaner Arbeit gut ruhen hatte und wir es ihm nachmachen könnten, nach Beendigung des vorgenommenen Werkes. War denn die Welt jemals fertig? Niemals! Im Gegenteil; sie bleibt immer neu im Entstehen, immer in Gefahr, im Halbfertigen steckenzubleiben, oder gar in Unordnung und Chaos zurückzusinken. Eben wie unsere Arbeit auch.
Aber Gott ruht. Er hat gute Weile. Er kann das Arbeitsgerät aus der Hand legen und die Sache sich selbst überlassen. Das bietet uns eine Chance, es ihm gleichzutun. Welch eine Aussicht! Es gibt nicht nur das hastige Atemholen zwischen zwei Arbeitsgängen. Es gibt nicht nur die Peitsche des Arbeitsakkordes und die selbstauferlegte Hetze von unbedingt notwendigen Arbeiten.
Wir haben das Recht und die Pflicht zur Ruhe, zum Abstandnehmen. Wir dürfen der Verlockung der „nutzlosen Sachen", die so schön sind, nachgeben: Spielen und Träumen, Plaudern, Wandern, Schauen — und was es sonst noch geben mag.

Ruhe muß bezahlt werden

Sicher muß die Ruhe bezahlt werden. Mit Arbeit natürlich; vielleicht sogar mit einiger Einbuße an Ansehen. Gerade Leute, die sich selbst als überlastet bezeichnen, schimpfen andere Faulenzer.
Es geht auch nicht so sehr um die Frage, wer den Herzinfarkt eher bekommt und wer nicht – der Dauerarbeiter oder derjenige, der das Ausruhen gelernt hat. Es geht vor allem darum, wer sich an die Arbeitshetze der Welt verliert – und wer sich bisweilen in die göttliche Ruhe zurückziehen kann. Dort ist Gott unter Umständen eher zu finden als in der Arbeit.

SATT WERDEN AN GOTT

„Essen und Trinken hält Leib und Seele zusammen!“ So steht es in manchem Gasthaus. Wenn auch der Wirt dabei mehr an seinen Geldbeutel denken mag, hat er doch zum großen Teil recht. Essen und Trinken gehören zu den Grundnotwendigkeiten und Grundfreuden des Lebens. Wie schön, etwas wirklich Gutes zu essen und zu trinken! Wie schrecklich, wenn ein Mensch an Appetitlosigkeit leidet.

Noch schrecklicher: Wenn wir etwas satt haben. Und wir haben manchmal so viel satt: Arbeit und Geschäft, Lebensumstände oder Politik, Frau, Mann, Kinder, Verwandte. Und wie herrlich, wenn wir das alles auf einmal wieder mögen, so richtig Lust dazu haben. „Einfach zum Hineinbeißen“, sagen wir manchmal.

Unlängst blieb ich mit meinen Gedanken an einem Psalmvers hängen, der ganz ungeniert Gott in die Welt des Essens und Trinkens hereinholt. „Ich will schauen dein Antlitz in Gerechtigkeit, ich will satt werden an deinem Bilde“ (Psalm 17,15).

Hier ist einer, der Hunger hat, der sich sättigen will. An Gott! Mir ist das recht verwunderlich. Er rechnet Gott zu den Lebensmitteln. Wie kann man das?

Natürlich theoretisch wissen wir: Ohne Gott ist das Leben sinnlos. Aber mir ist es noch nie so ergangen, daß ich auf Gott Hunger gehabt hätte, wie etwa auf ein Stück Brot oder auf eine ordentliche Mahlzeit.

Aber hier ist einer, der seine ganze Umgebung satt hat. Wir brauchen nur den Psalm zu lesen, um das zu spüren. Er fühlt sich verfolgt, verachtet, gedemütigt, enttäuscht. Nun will er satt werden an einem Lebens-

mittel, das kein Bauchweh verursacht, das nicht den nächsten Hunger nur zeitweilig hinausschiebt.
Dabei fällt mir ein, daß Christus von sich gesagt hat, er sei das Brot des Lebens. Und daß er zum Brot des Abendmahles sagte: Das ist mein Leib. Offenbar kann man sich tatsächlich an Gott sättigen. Durch Essen. Auch durch Sehen.
„Ich will satt werden an deinem Bild." Wo finden wir Gott? Wie sieht er aus?
Ich sehe vor mir die Bücher des Alten und Neuen Testamentes, die Kirchen, die Altäre. Ich sehe die Pfarrer, die Arbeiter und Bauern; Frauen und Männer, die jungen Pärchen, aber auch die unheilbar Kranken und Alten im Altersheim. Mich schaudert es, wenn ich an die Menschen der Dritten Welt denke, an die Millionen von Menschen in Urwäldern und Großstadtwüsten, die hoffnungslos dahinleben, an die ganze zerschundene Menschheit.
Dort überall sehe ich das Bild Gottes. Überall in Einzelheiten — aber leider auch nur in Einzelteilen. Das Angesicht Gottes ist aufgeteilt in lauter Einzelfiguren, Einzelteile. Mir kommt es vor wie ein riesenhaftes Puzzlespiel, das jemand durcheinandergeworfen hat. Ich weiß wohl, daß diese unsere Welt ein Ganzes ist, ein Abbild Gottes. Aber es ist verworren und verwirrt, durcheinandergeraten und verdorben. Nur in einem Menschen ist dieses Bild unzerstört geblieben. In Jesus Christus, den das Neue Testament „das Ebenbild des unsichtbaren Gottes" nennt.
Im Gegensatz zu uns kennt der Mann, der dieses Psalmgebet als erster sprach, Christus noch nicht. Aber ich höre seine Sehnsucht, Gott zu schauen — und lasse mich davon anstecken. Ich spüre geradezu seine Leidenschaft, dieses verworrene Puzzlespiel des Lebens

und der Welt zusammenzusetzen. Dann wird er satt werden. Denn dann hat die Verwirrung ein Ende.
Darin besteht wohl unser Glaube: Hineinzugreifen ins volle Menschenleben, die Einzelteilchen zu betrachten, zu sortieren, zu ordnen. Wenn es gelingt, wenigstens ein kleines Stückchen des Bildes Gottes zusammenzusetzen, dann werden wir satt werden und können andere sättigen.
Wie gesagt: an diesem Psalmvers bin ich hängengeblieben. „Ich will satt werden an deinem Bild." Ich fühle mich eingeladen und möchte die Einladung weitergeben an Sie, an dieser Leidenschaft nach Gott teilzunehmen.

ZEIT DER UMKEHR

Wahrscheinlich erlebten Sie auch schon einmal folgendes: Sie wandern auf einem hübschen, breiten Weg durch Felder, über Wiesen, in den Wald. Ihr Weg kreuzt sich mit anderen, wird allmählich stiller, schmaler. Plötzlich verliert er sich zwischen den Bäumen. Sie sind am Ende eines Holzweges angelangt. Sie müssen umkehren. Querwaldein zu gehen, ist sinnlos, vielleicht gefährlich. Die Parole heißt: Umkehr!
Nun ist es die Frage, mit welchen Gefühlen, mit welcher inneren Einstellung wir den Weg zurückgehen, den wir eben noch wanderten. Ärger, Beschämung – über das Versagen, über den nutzlosen Gang? Oder: Spannung und Interesse – wie wird jetzt der Weg richtig verlaufen, und wie wird das richtige Ziel aussehen?

Umkehr

Nach alter kirchlicher Sitte ist die Passionszeit „Bußzeit". Leider kann ich das Wort „Buße" nicht sehr gut leiden. Es riecht nach Mittelalter, nach Strafe und Geld; es klingt nach Verkehrssünderkartei und endlosen Gesetzesvorschriften. Das biblische Wort für „Buße" heißt nichts anderes als „Umkehr". Lassen wir es lieber dabei. Es ist deutlicher. Passionszeit ist „Umkehrzeit". Zeit, die Gelegenheit gibt, den eigenen Weg zu überprüfen und wenn nötig umzukehren.

Wann braucht es Umkehr?

Wir sollten nicht zu rasch und nicht ohne Überlegung von uns Umkehr fordern; womöglich eine totale Umkehr von einem angeblich ganz bösen Leben in der

gottlosen Welt zum einfachen, klaren Leben mit Gott. Das gibt es natürlich auch. Und glücklich derjenige, der diesen Weg findet, wenn er ihn nötig hat.
Es gibt aber zweifellos auch einige Leute, die zur Zeit mit Gott und sich selbst im reinen leben. Sie brauchen nicht umzukehren. Vielleicht täte ihnen da oder dort ein bißchen mehr Aufmerksamkeit, mehr Dankbarkeit not. Aber Umkehr? Nein. Umkehren muß in der Tat nur einer, der am Ende eines Weges angekommen ist.

Wie merke ich das?

Manche Leute besitzen ein feines Gespür dafür, wenn sie sich sagen müssen: So geht das nicht weiter. Andere müssen es sich – freiwillig oder unfreiwillig – von ihrer Umgebung sagen lassen: Jetzt wird es unerträglich, wie du dich benimmst, jetzt muß Schluß sein!

Natürlich haben wir oft harte Ohren und harte Herzen. Aber so verstockt ist keiner von uns, daß es nicht irgendwann in ihm aufbricht: Mich weiterhin so zu verhalten, kann ich weder vor Gott noch vor den Menschen mehr verantworten!
Dabei denke ich, wie gesagt, nicht so sehr an eine totale Bekehrung des ganzen Lebens, eher an Umkehr und Veränderung in Teilbereichen unseres Lebens. Zum Beispiel: Mein Verhalten zu den Kindern, zum Ehepartner, zu Mitarbeitern (Vorgesetzten und Untergebenen). Oder: Meine Bedürfnisse, sagen wir, ein bißchen zu viel Rauchen oder Trinken, von denen ich nicht lassen kann. Meine Sorgen – sagen wir, eine übergroße Ängstlichkeit um die Kinder oder unbegründete Furcht vor der Zukunft. Es gibt eine ganze Menge Gegenden in unserem Leben, in denen wir an das Ende von Holzwegen gelangen können.

Umkehr im Ärger

Vielleicht kommt der Entschluß zur Umkehr rasch. Die einzelnen Schritte werden dann langsamer sein, sie fallen hart. In welcher Stimmung, in welcher Einstellung tun wir sie?
Ich kann den Rückweg im Ärger antreten, im Groll über die vielen Versäumnisse, die vergeudeten, verdorbenen Gelegenheiten. Ich kann die Umkehr auch in tiefer Niedergeschlagenheit vollziehen, im Gefühl großer Sünde und Schuld, in Verachtung meiner selbst, daß ich so tief sinken konnte.
Keine Umkehr kann frei sein von solchen düsteren Gefühlen und Erkenntnissen. Das soll sie auch nicht. Denn wer einen Holzweg ging, hat nicht rechtzeitig aufgepaßt und trägt die Schuld. Daran gibt es nichts zu deuteln. Aber das bleibt nicht das letzte Wort, nicht die letzte Erkenntnis.

Umkehr in der Hoffnung

Wer umkehrt, sucht sich sein richtiges Ziel. Er hat die Chance, einen neuen – und diesmal den richtigen – Weg zu finden. Über jeder Umkehr liegt die Hoffnung, daß wir es jetzt besser machen können als vorher. Wir können geradezu erfüllt sein mit Interesse und Spannung, was jetzt auf uns wartet.
Nehmen wir einmal an, einer von Ihnen hat sein Vertrauen auf Gott schon fast aufgegeben. Seine Zuversicht, seine Geduld sind fast am Ende. Ich möchte ihn bitten umzukehren. Er kann mit der Erwartung und mit einer gewissen Spannung jeden Morgen aufwachen, um zu erleben, an welcher Ecke seines Lebensweges Gott ihm begegnen wird. Er wird ihm begegnen!

MIT GOTT AUF DU

Beten kann man auf verschiedene Art und Weise. Aber gerade davon hängt oft ab, ob Beten Freude macht. Das sollte es doch, oder nicht? Ich möchte an Beispielen zeigen, wie Jesus Christus das Beten erneuert hat, so daß es Freude machen kann.

Wenn ein frommer Jude zur Zeit Jesu betet, so kommt es oft vor, daß er die ganze Geschichte lebendig werden läßt. Er zählt alle Taten Gottes auf – vom Durchzug durchs Rote Meer bis zum Jüngsten Tag. Dabei wird Gott als der übermäßig starke und allwissende Herr angebetet.

Ebenso kann ein frommer Jude das ganze Weltall mit seinem Gebet durchwandern, vom Himmel bis zur Unterwelt, vom Gebirge bis zum Meer. Angerufen, gepriesen, angefleht wird der unendlich mächtige und erhabene Weltenherr.

Ein Beispiel: „Gepriesen bist du, o Herr König, groß und mächtig, in deiner Größe, Herr der ganzen Schöpfung des Himmels, König der Könige und Gott der ganzen Welt. Deine Macht, Königsherrschaft und Größe bleibt in alle Ewigkeit und deine Herrschaft durch alle Geschlechter; alle Himmel sind dein Thron in Ewigkeit und die ganze Erde der Schemel deiner Füße immerdar. Denn du hast alles geschaffen und regierst es, nichts ist dir zu schwer . . ."

Der Gott, zu dem hier gebetet wird, ist der, der in einem Licht wohnt, wo niemand zukommen kann. Seine Gedanken sind über alle Himmel erhaben, ebenso wie seine Macht und Weisheit. Er wohnt so heilig auf seinem Thron in unendlicher Erhabenheit, daß man seinen Namen nicht einmal aussprechen darf.

Hier der unfaßliche, jenseitige Gott — und dort der kleine, kümmerliche und von seinem Lebensschicksal bekümmerte Mensch. Welch ein Unterschied! Welch ein Wunder, daß überhaupt Kontakte bestehen!

Jesus lebt als frommer Jude in seiner Zeit. Aber als ihn seine Jünger fragen und ihn bitten, sie das Beten zu lehren, beginnt er sein Gebet mit den Worten: „Unser Vater ...". Später, in jener dunklen Stunde im Garten Gethsemane spricht Jesus das Gebet: „Abba (das heißt auf deutsch: Papa, Vati), wenn's möglich ist, gehe dieser Kelch an mir vorüber" (Mark. 14,36). So groß ist der Eindruck dieser Gebetslehre und dieses Gebetsvorbildes, daß es bei Paulus Spuren hinterläßt, obwohl der Apostel Jesus nie gesehen hat und nur ganz wenig von seinem Leben weiß. Er schreibt: „Ihr habt den Geist des Kinderseins erhalten, durch ihn rufen wir ‚Abba'!" (Römer 8,15; vgl. Gal. 4,5).

Was ist da geschehen mit dem Gebet und seinen Möglichkeiten?

Jesus nimmt Gott nichts weg von seiner Macht und Herrlichkeit. Aber er holt ihn aus der unendlichen Ferne der Jenseitigkeit in unsere unmittelbare Nähe. Der Weltenherr wird zum Familienmitglied. Wir dürfen ihn ansprechen mit dem Kosenamen jüdischer Kinder, die zu ihrem Papa, ihrem Vati, eben „Abba" sagten. Durch die Anrede im Gebet wird der ferne Gott zum nahen Vater.

Mit einem Vater aber macht es Freude zu reden, wenigstens heutzutage. Früher mußten ja die Kinder „Herr Vater" sagen und „Sie". Aber heute trennt keine zu große Ehrfurcht mehr Kinder vom Vater. Zu große Ehrfurcht bedeutet Distanz und kalte Ferne. Jesus aber bringt im Gebet Gott zu uns in eine warme Nähe. Das entspricht genau seinem Reden und Handeln. Jesus setzt sich zu den Verachteten, er heilt die Verkümmerten. Wenn Jesus zu Gott Abba sagt, zeigt er sich als Sohn Gottes in viel unkomplizierterer und lebendigerer Weise als es die Dogmatik ausdrücken kann. Wenn Jesus uns lehrt „Vater unser" zu sagen, macht er uns zu Kindern Gottes, die voller Freude leben können.

Eine der Folgen dieser Gebetsmöglichkeit, mit Gott auf Du zu stehen, sehe ich darin: Es fällt jede Pflicht weg, ein bestimmtes Maß an Gebeten abzuleisten, oder auch eine bestimmte Form zu wahren. Kinder sprechen mit ihrem Vater wann sie wollen und worüber sie wollen. Der Vater hört zu, was ihm die Kinder erzählen und versucht, auch aus unklarem Gerede den wichtigen und richtigen Sinn zu erfassen, und behält sich dann seine Entscheidung vor.

Nun könnte es allerdings sein, daß der eine oder andere von uns mit Vätern schlechte Erfahrungen gemacht hat. Vor Jahren traf ich jemanden, den es schauderte, Gott „Vater" nennen zu müssen, weil er seinen eigenen Vater haßte.

Es kommt nicht auf die Bezeichnung an, meine ich, es entscheidet das Verhalten. Warum sollten wir nicht zu Gott reden wie zu unserer Mutter, zum Freund, zur Freundin? Damit wird das Beten nicht zu einem einfachen Daherreden gemacht, sondern zu einem Gespräch, wie es zwischen zwei ehrlichen, aufrichtigen Erwachsenen geführt wird, die sich sehr nahestehen.

Abba — Papa — Freund — Mutter — Freundin — dich brauche ich; ich weiß, daß du mich hörst und verstehst.

Es gibt verschiedene Arten zu beten, sagte ich. Wenn ich die alte jüdische Art des Betens mit der Jesu Christi vergleiche, finde ich folgende Bilder:

Einmal sehe ich vor mir, wie ein kleiner Mensch seine

Worte durch unendliche weite Räume von Weltall und Geschichte zur erhabenen Majestät schickt und immer insgeheim fürchtet, seine Stimme könne im Raum verhallen, weil sie gar so unbedeutend ist.
Zum anderen sehe ich, wie zwei Personen nebeneinander auf einer Bank sitzen. Sie können Himmel und Geschichte in Bewegung geraten lassen bei ihrem Gespräch, sie können auch über Kleinigkeiten reden — aber es ist ein Gespräch auf Du und Du.

ERNTEDANKFEST FEIERN

Seit längerer Zeit erlebe ich, daß es Jahr für Jahr schwieriger für mich wird, Erntedankfest richtig zu feiern. Nicht, daß ich Schwierigkeiten hätte, an Gott und an sein Wirken in der modernen Welt zu glauben. Nicht, daß ich nicht wüßte, wofür ich ihm danken soll. Diese Fragen plagen mich nicht sehr. Aber schwierig wird es, Gottes Wirken in den vielen kleinen Einzelheiten unseres Lebens aufzufinden und zu benennen. Ich stolpere auch noch über andere Schwierigkeiten.

Alte und neue Erntedankgaben

In meiner Kinderzeit erschien mir alles recht einfach. Wir fuhren – wie unsere Nachbarn auch – mit dem Leiterwagen zur Kirche, brachten Früchte aus dem Garten, ein Brot, auf dem mit Zuckerguß stand „Danket dem Herrn", und schmückten dann alle miteinander den Altar mit den bäuerlichen Erntegaben. Am schönsten erschienen mir immer die Getreidebüschel links und rechts vom Altar.

Inzwischen habe ich festgestellt, daß es sehr schwierig ist, überhaupt noch Garben zu bekommen. Es gibt fast nur noch Mähdrescher, die Säcke füllen und Strohballen fabrizieren. Die kann man doch wohl nicht aufstellen. Was soll man nur in der Stadt machen? Dort gibt es ja weder Bauern noch Gärten. Die Leute leben nicht vom Feld direkt – übrigens auch die meisten Landwirte nicht mehr –, sondern aus den Kaufläden.

Die Städter erleben auch die Ernte nicht mehr mit. Sie bekommen ihre „Ernte" in Form von Lohntüten

oder Gehaltsüberweisungen wöchentlich oder monatlich. Gehörten nicht eigentlich diese Gegenstände auch neben den Altar? Oder nicht sogar wenigstens Bilder von den Maschinen, mit denen sie ihren Lebensunterhalt verdienen?
Unser Land ist nur noch zum geringen Teil von der Landwirtschaft geprägt. Technik und Industrie bestimmen unser Leben in der modernen Dienstleistungsgesellschaft. Das wissen auch die Bauern sehr gut, denn ihre Arbeit ist von Jahr zu Jahr mehr beeinflußt von Maschinen und Produkten der Industrie, beispielsweise Kunstdünger.
Ohne diese ganze komplizierte Maschinen- und Bürowelt gibt es keine Ernte. Also gehört sie eigentlich auch in die Kirche am Erntedankfest. Aber wie soll man das machen?
Zumindest muß ausführlich davon die Rede sein. Das ist mir zwar klar, daß Gott in unserer modernen Arbeitswelt genauso wirksam ist wie eh und je beim Wachsen und Ernten auf dem Feld. Nur ist das viel schwieriger zu erkennen, in Worte zu fassen und mit dem Finger aufzuzeigen.

Was ist eine gute Ernte?

An einer Einzelheit wird mir die Schwierigkeit des Ernte-Dankes — und auch der vorausgehenden Bitten um gute Ernte deutlich. Wenn das Wetter gut ist und alles sich bestens entwickelt, wächst in einem mir bekannten Obstanbaugebiet eine mächtige Ernte heran. Aber der Dank für diese gute Ernte kommt mir nicht leicht von den Lippen. Denn ich weiß, daß diese Ernte unerhört viel Arbeit für die Landwirte bedeutet — und zugleich auch ziemlich niedrige Preise. Regnet

oder friert es in die Blüte, so wächst weniger; aber die Bauern haben weniger Arbeit und erreichen aufgrund der höheren Preise praktisch denselben notwendigen Verdienst.
Was heißt also konkret „gute Ernte“ und „Erntedank“? Ähnliche Überlegungen kann man anstellen im Hinblick auf die seit langer Zeit gleichbleibenden oder gar gefallenen Getreidepreise und die steigenden Preise für Maschinen, Kunstdünger, Löhne. Wer aber um höhere Erzeugerpreise bittet oder dafür dankt, betet zugleich zugunsten der Lohn-Preisspirale oder das Anwachsen des Butterberges, des Milchsees und der verschiedenen anderen landwirtschaftlichen Miseren.
Das alles erscheint mir sehr kompliziert und macht es mir nicht leicht, richtig Erntedank zu feiern.

Viele Teilnehmer am Erntedankfest

Zugleich aber hat das gerade genannte Beispiel bei mir einen neuen Gedanken hervorgerufen. Ich darf offenbar nicht nur für Wetter und Erntedankgaben bitten und danken. Vielmehr muß der Kreis, den wir in unsere Glaubensgedanken einbeziehen, viel größer sein. Es gehören viele Menschen dazu. Natürlich die Landwirte, die die unmittelbarste und größte Arbeit mit den Ernteerzeugnissen haben.
Aber es gehören auch die anderen dazu, die mit ihren Planungen, ihren Geschäftsvorhaben und Finanzmaßnahmen daran beteiligt sind. Konkret gesagt, gehören am Erntedankfest die Parlamente und Regierungen, die Büros der EG, die Interessenverbände der Landwirte und Verbraucher mitten hinein in den Dankgottesdienst.
Etwas simpel gesagt erschien mir früher die Lage

klar und einfach: Wir sehen Gott als den Geber aller guten Gaben und uns Menschen als deren Empfänger, die ihm danken.
Jetzt erlebe ich die Situation anders: Gott bedient sich einer ungeheuren Menge von Menschen verschiedenster Denk- und Handlungsarten, um seine Ernte auf Erden reifen und gedeihen zu lassen. Das macht zwar unser Denken und Glauben komplizierter – aber auch reicher und vielfältiger.
Am Erntedank erlebe ich, wie Gott „seine Finger überall drin hat", wie er in den feinsten Verästelungen unserer modernen Welt in sehr verschiedener Weise wirksam wird. Dadurch wird unser Danken und Bitten weiträumiger; es umfaßt nicht nur die Bauern und ihre landwirtschaftlichen Erzeugnisse (wobei natürlich auch zu bedenken ist, wie viele Importe aus aller Welt, auch aus den Hungerländern, wir verzehren!), sondern die Industrie, die Behördenbüros, die Verkaufsmärkte.
Ich fühle mich am Erntedankfest verbunden mit allen Lebens- und Arbeitsbereichen unserer Welt. Die Kirche im Gottesdienst ist voll – wenn auch leider meist nur unsichtbar. Aber es wird mir nicht nur schwerer in unserer Situation Erntedankfest zu feiern, sondern auch leichter.
Wie geht es Ihnen dabei?

WASSER DES LEBENS

„Alles Leben stammt aus dem Wasser!“ So lautet die Auskunft der Naturwissenschaftler auf die Frage nach der Entstehung der Lebewesen. Ohne Wasser ist kein Leben möglich — das wissen wir selbst. Wir werden daran erinnert bei Preiserhöhungen und geplatztem Autokühler, am Brunnen (oder im Wirtshaus) auf der Wanderung und bei Dürrekatastrophen.
Solche Gedanken sind nicht neu. Hier will ich sie mit einer Stelle des Neuen Testamentes verbinden, in der vom „Wasser des Lebens“ die Rede ist. Sicher ist dort nicht das Wasser gemeint, das wir zum Essenkochen verwenden. Es handelt sich um einen bildlichen Vergleich; gemeint ist etwas absolut Lebensnotwendiges. Aber was?

Konkurrenz

Im siebenten Kapitel des Johannesevangeliums (Vers 37) ruft Jesus die Menschen zu sich und verspricht ihnen Heil und Leben, wie Verdurstende in der Wüste von den Wassermengen der Oase gerettet werden. „Wenn jemand Durst hat, so komme er zu mir und trinke! Wer an mich glaubt, von dessen Leib werden ... Ströme von Lebenswasser fließen.“
Damit wird nicht nur ein umfassendes Angebot gemacht, sondern Jesus stellt sich auch in deutliche Konkurrenz zu allen anderen religiösen Möglichkeiten. Diese Worte werden beim jüdischen Laubhüttenfest gesprochen, einem an Freude, Jubel und Trubel reichen Tag. Der Höhepunkt der Feierlichkeiten besteht darin, daß der Hohepriester einen goldenen Krug mit Wasser über dem Altar ausgießt. Da ruft Jesus: „Ich biete

euch Wasser zum Leben, ich allein – nicht dieser Priester mit seinem Krug, nicht dieser dampfende Altar, nicht diese vergehende Religion!"
Modern gesprochen erhebt Jesus damit den Anspruch, der einzige Mensch in der ganzen Welt zu sein, der den wahren Weg zu Gott zeigt, der sinnvolles Leben möglich macht und erhält. Er sagt von sich, allein die richtige Freude am Leben geben zu können, die Kraft dazu und Ziele, für die es sich lohnt zu leben.
Bei einem solchen Anspruch muß es notgedrungen zum Konflikt kommen. Die Juden gingen gegen Jesus vor. Das Ende ist bekannt. Der Anspruch besteht noch heute. Wer von uns hat darüber schon mit beispielsweise jüdischen Mitbürgern oder mohammedanischen Gastarbeitern diskutiert? Oder mit einem Arbeitskollegen, der sich von der Kirche getrennt hat?

Zusammengehörigkeit

Betrachten wir jetzt aber eine andere Seite. Die meisten Leser werden Christen sein und damit von sich sagen, daß sie in einem Verhältnis zu Christus stehen. Wir gehören zusammen – aber wie? Wenn wir das Wort vom Lebenswasser sehr praktisch und konkret ernst nehmen, ergeben sich überraschende Aussichten:
Christus, der Spender des Lebenswassers, gehört ganz eng zu unserem Leben – etwa so, wie das Wasser zum Kochen und Waschen, das Tee- und Kaffeewasser. Geordnetes Leben ohne ihn ist nach modernen Vorstellungen gar nicht möglich. Bei Jesus können wir uns erfrischen, wie an heißen Tagen im Bad, oder auch erholen und wohl fühlen, wie in der warmen Badewanne. Er hilft uns, wie das Wasser der Dusche, den Dreck des Alltagslebens loszukriegen.

Ich könnte die Aufzählung fortsetzen. Wie oft am Tag brauchen wir Wasser? Wie verwenden wir es? Überall stoßen wir dabei auf das Bild, das Christus verwendet und zugleich auf ihn.

Wie stehen wir?

Wenn wir uns als Christen fühlen und das Bildwort vom Lebenswasser ernst nehmen, müssen wir uns fragen: Wie stehen wir zu Christus? Mir wäre es am allerliebsten, wenn er so selbstverständlich in meinem Leben wäre, wie eben Wasser. Es ist nicht notwendig, jedesmal zu philosophieren, wenn wir den Wasserhahn aufdrehen. Wir tun es, nützen das Wasser aus. So müssen wir auch nicht jedesmal über Christus nachdenken, wenn wir ihm im Alltag begegnen. Aber wir können ihn „ausnützen" – für uns selbst, für andere. Sein Beispiel gibt genug Anreiz. Wo sind die Ungerechtigkeiten im Zusammenleben, auf die keiner hinweist? Christus tat es – in Worten und Taten. Wo sind die Armen und Verachteten, die er tröstete? Vielleicht brauchen wir selbst Hilfe. Gut, Christus ist da – wie Wasser. Wir sollten ein bißchen von dem Goldglanz wegnehmen, der auf so vielen Kirchenbildern um Jesus gemalt ist. Dann kommt er uns näher. Wir können ihn selbstverständlicher, unverkrampfter nehmen, so wie einen Freund, einen Bruder, einen hilfreichen Nachbarn; so – wie das Wasser, ohne das wir nicht leben können.

DIE LIEBE GOTTES IST WIE ...

Nehmen wir an, im Haus nebenan zieht ein neuer Nachbar ein. Sie machen sich Gedanken, wer er und seine Familie sein könnten – und vor allem wie sie wohl sind und sich benehmen. Streichen Sie bitte in der folgenden Liste die Eigenschaften und Verhaltensweisen durch, die Ihnen nicht passen, die der neue Nachbar also nicht haben soll.

vertrauenswürdig
unaufdringlich
ehrlich
zur Mithilfe bereit
verschlossen
umgänglich
geldgierig
aufdringlich
kleinlich
verantwortungsvoll
frech
aufrichtig
vorlaut
zum Kritisieren neigend
leutselig
zuverlässig
laut
verständnisvoll
ehrgeizig
prahlerisch

Mit Leichtigkeit ließe sich die Liste erweitern. Wie viele Wörter haben Sie gestrichen?

Natürlich haben wir unsere Erfahrungen. Nicht ohne Grund fordern wir, daß bestimmte Voraussetzungen gegeben sein müssen, damit ein gutes Zusammenleben möglich wird. Wir stellen eine ganze Reihe von Bedingungen, die erfüllt sein sollen, bevor wir jemanden sympathisch finden, bevor wir jemanden gerne haben.

Nun nehmen wir einmal an, daß Gott uns als seine Nachbarn betrachtet. Stellen Sie bitte eine Liste von Eigenschaften auf, die wir Ihrer Meinung nach haben müssen, damit Gott uns mag. Oder auch, schreiben Sie bitte – vielleicht nur in Gedanken –, welche Taten wir getan haben müssen, welche Bedingungen wir erfüllt haben müssen, damit Gott uns sympathisch findet, damit er uns liebt.

Gerne würde ich nun wissen, ob Sie etwas gefunden haben. Sei es auch nur die eine oder andere Einzelheit. Oder sollten Sie eine ganze Menge in das leere Kästchen geschrieben haben?

Nun muß ich mit allem Ernst sagen: Wenn Sie auch nur ein einziges Wort schreiben wollten, befinden Sie sich in einem tragischen Irrtum. In einem verständlichen zwar; wir denken viel zu oft und zu schnell, daß sich Gott genauso verhält wie wir Menschen. Aber es

wäre wirklich ein katastrophaler Irrtum zu meinen, daß wir bestimmte Bedingungen erfüllen müßten, um die Liebe Gottes zu erringen.
Gott liebt uns so, wie wir sind. Mit allen Fehlern, Schwächen, Sünden, ob wir sie nun kennen oder nicht. Gott liebt bedingungslos, voraussetzungslos. Auf Anhieb. Auf Vorschuß. Vollständig.
Damit wir uns nicht mißverstehen: Gott liebt nicht das falsche, böse, üble Verhalten. Aber er liebt uns Menschen, die wir uns oft genug so verhalten.
Wenn Sie Beweise wünschen – bitte, lesen Sie im Neuen Testament nach, wie Jesus sich verhielt. Er lehnte Ausbeutung, Diebstahl, religiöse Überheblichkeit ab. Aber er lud sich beim Oberzöllner Zachäus ins Haus ein und setzte sich mit Pharisäern an einen gemeinsamen Eßtisch. Jesus lehnte Ehebruch, Hurerei, Raub, Totschlag ab. Aber er ließ sich die Liebe einer Dirne gefallen und erwiderte sie. Er sagte zu dem Schwerverbrecher: „Heute noch wirst du mit mir im Paradiese sein."
Ist das nicht unfaßlich, bestürzend, wunderbar? Stellt das nicht die halbe Welt zu unseren Gunsten auf den Kopf?
In der Tat! Freuen Sie sich auch darüber? Sind Sie nicht auch begeistert, daß es jemanden gibt, der Sie einfach mag, Ihnen einfach die Hand hinstreckt? Ohne Einschränkungen, ohne Vorbehalt, ohne Kritik, ohne Wenn und Aber?
Das, genau das, ist die „frohe Botschaft", die wir Christen den anderen bringen können. Das ist vor allem etwas, wovon wir selbst Gebrauch machen können, wenn wir von unserer Umgebung, vom Ehepartner, von Vorgesetzten und Untergebenen im Stich gelassen, kritisiert, beiseite gesetzt werden. Vor allem dann,

wenn wir uns selbst schon beinahe aufgegeben haben. Mögen die anderen auch Recht haben – Gottes Liebe bleibt uns erhalten, sogar in der erbärmlichsten, schlimmsten Situation, die wir uns nur vorstellen können.

Ich lade Sie zu einem Versuch ein. Damit wir dem Gedanken von der Liebe Gottes größere Klarheit und Vertrautheit verschaffen, können wir folgendes machen. Suchen Sie Bildvergleiche. Setzen Sie sich allein oder mit ein paar Leuten zusammen hin und suchen Sie nach uns geläufigen Situationen, mit denen wir Gottes Liebe vergleichen können.

Gottes Liebe ist wie ...

Gottes Liebe ist wie – ein warmer Regen auf dürres Land. Gottes Liebe ist wie – eine gute Mahlzeit für einen Hungrigen, wie die erste Blüte im Frühjahr, wie eine öffentliche Lobrede für einen mit sich unzufriedenen Menschen.

Gottes Liebe ist wie die Umarmung zweier Menschen, die sich wieder miteinander versöhnen.

Bitte, finden Sie weitere Bildvergleiche. Suchen Sie Situationen, in denen Ihnen Gottes Liebe begegnet und machen Sie Gebrauch davon.

AUSRUHEN WILL GELERNT SEIN

Für Seiltänzer ist die Fähigkeit, Balance zu halten, eine Frage auf Leben und Tod. Wir brauchen keine Artisten zu sein: In etwas abgeänderter Form gilt dieses Prinzip für uns alle. Gleichgewicht, Ausgewogenheit in der Lebensführung zu finden, entscheidet weitgehend über Krankheit, Arbeitsunfähigkeit, zu frühen Tod.

Arbeiten

Diesen Satz kennen wir recht gut: „Arbeiten will gelernt sein“. Ihn bekommen wir oft genug zu hören und werden schon in frühem Kindesalter danach erzogen. Und dann kommt die Schule! Neun Jahre mindestens dauert es, bis wir sie hinter uns haben. Dann aber fängt erst die Berufsausbildung richtig an — sie kann noch einmal bis zu neun Jahren dauern.
Was dann folgt, ist jedem gut bekannt. Es beginnt „der Ernst des Lebens“; das heißt: die eigene Berufstätigkeit. Sie bringt zwar Verdienst, aber auch die ganze Last von vorgeschriebener Arbeitszeit — womöglich mit Akkordarbeit und Kollegenärger gepfeffert — oder die Last ungeregelter Arbeitszeit, die bei Bauern, Kaufleuten und allen anderen selbständig Tätigen meistens sehr viel höher liegt, als es die Gewerkschaften „erlauben“.
Wenn es damit nur getan wäre! Viele machen Überstunden, nehmen Schwarzarbeit an, haben einen Neben- oder Doppelberuf (gerade Frauen und Bauern; welches ist eigentlich ihr Hauptberuf?).
Es kann kein Zweifel daran bestehen: Das Arbeiten haben wir gelernt, sehr gründlich sogar. Sonst ginge es uns nicht so gut.

Andere Völker stellen immer wieder einmal fest, daß wir Deutschen zu viel und zu schnell arbeiten. Wir erhöhen damit zwar unseren Wohlstand, handeln uns aber dabei das genaue Gegenteil ein. Die Krankenkassen haben festgestellt, daß etwa 45 Prozent aller Todesfälle auf Herz- und Kreislaufschäden zurückzuführen sind. Die „Managerkrankheit“ trifft nicht nur die großen Bosse, sondern genauso kleine Angestellte, Beamte, Arbeiter, selbständig Berufstätige. Unruhe und Hetze des Lebens machen uns krank. Nicht nur die des Berufs, sondern ebenso die Schwierigkeiten des Privatlebens. Wer an seiner Arbeit keine große Freude findet, läßt leicht seine Unlust an der Familie aus. Eheschwierigkeiten, Ärger mit den Kindern belasten die Berufsarbeit erheblich. So quält man sich von Tag zu Tag; gearbeitet muß werden — aber eine Belastung reiht sich an die andere.

Ausruhen

Ausruhen tut not! Das weiß jeder. Aber wer lehrt uns das Ausruhen? Und wer gibt uns das gute Gewissen dazu? Für das Arbeiten werden wir ausgebildet, für das Ausspannen, das Abschalten nicht. Ausruhen will gelernt sein; unser Leben, seine Schönheit und Länge hängen daran. Aber wer lehrt es uns?

In der Kindheit ist das kein Problem. Der Körper fordert einfach sein Recht. Kinder fangen an zu quengeln, wenn sie müde werden; notfalls schlafen sie einfach ein. Bei Erwachsenen ist das anders. Es gibt nicht mehr allzu viele Berufe, in denen zu einer bestimmten Zeit der Körper einfach streikt. Meist ist es die innere Anspannung, die uns fertigmacht, ohne daß wir wirklich fertig werden. Eigentlich sollte uns unser Ver-

stand ein Zeichen geben und unmißverständlich befehlen: Jetzt ist Schluß! Seltsamerweise benimmt er sich oft geradezu unverständig. Er sagt: „Das schaffst du schon noch" — „das muß auch noch sein" — „und das könntest du auch noch hinkriegen". Unser Verstand steuert uns oft genug in die falsche Richtung — und das heißt hier nichts anderes als in die tödliche Gefahr.
Am besten ist es immer noch, auf die Bedürfnisse des Körpers zu achten. Auch Erwachsenen zeigt er, wann Schluß zu machen ist. Wenn die Unlust am Arbeiten immer größer wird, kommt das nicht von ungefähr. Wenn die Lust, zum Stammtisch oder zum Kaffeeklatsch zu gehen, immer größer wird, ist es durchaus nicht immer die Faulheit, die uns den Weg weist. Auch das Vergnügen am Plaudern mit dem Nachbarn am Gartenzaun, am Basteln im Schuppen oder am Auto, lehren uns das Ausruhen.
Wir Christen haben aus dem Alten Testament das Gebot mit übernommen: „Du sollst den Feiertag heiligen!" Die Römer zur Zeit Jesu wunderten sich unmäßig über die Religion der Juden: „Sie beten einen unsichtbaren Gott an; dieser befiehlt ihnen, einen Tag in der Woche von jeder Arbeit zu ruhen", heißt es in einem Bericht. Festtage kannte jede Religion der damaligen Zeit; aber einen regelmäßigen Ruhetag in der Woche gab es nirgends.

Balance

Mit diesem Gebot sorgt Gott für die richtige Balance im Leben. Arbeiten muß sein — aber auch das Ausruhen will gelernt sein. Ich denke nun nicht daran, daß die Feiertagsheiligung nur im Gottesdienstbesuch besteht. Wenn schon, ist Kirchenschlaf nicht die richtige Beschäftigung während des Gottesdienstes, und die Predigt ist – besonders falls sie einmal richtig spannend sein sollte (was ohnehin selten der Fall ist) – nicht zum Ausruhen da.

Der Sonntag hat viele Stunden. Zum Schlafen, zum Spielen – mit und ohne Kinder –, zum Lesen, Wandern usw. usw. – und zum Sprechen mit dem Ehepartner, mit Freunden und Fremden. Gerade das betrachte ich als eine der wichtigsten Beschäftigungen des Ausruhens. Am Feiertag redet Gott mit uns, damit wir mit ihm und mit unseren Mitmenschen reden können. Im Gespräch lassen wir das Leben noch einmal abrollen, ohne daß es uns überrollen kann; wir können die Ereignisse noch einmal in Ruhe klären.

Pfarrer sprechen oft davon, daß unsere Kontakte mit Gott sich nicht auf den Sonntagmorgen beschränken dürfen. Umgekehrt gilt dasselbe. Auch das Ausruhen, das Feiertagmachen um Gottes willen, muß sich durch die ganze Woche hindurchziehen. Leute, die gerne arbeiten und aktiv am Leben beteiligt sind, sehen sich dabei oft vor eine harte Aufgabe gestellt. Aber Gott hat bei seinen Geboten etwas gedacht; er will uns damit nicht nur auf den Himmel hinweisen, sondern auch das Leben angenehmer und lebenswerter machen.

Wir haben es zum guten Teil in der Hand, wie wir unser Leben gestalten wollen. Einseitig mit Arbeit überlastet oder gut ausbalanciert mit Ausruhen. Niemand sollte sich einbilden, es sei besonders christlich, in die Todesanzeige zu schreiben: „Sein ganzes Leben war Arbeit." Das will Gott mit Sicherheit nicht. Außerdem machte ein solches Leben keine Freude. Ein Leben voll Freude aber ist ein wesentliches Ziel unseres Glaubens.

WER DARF?

„Ene — mene — mu — und — drauß — bist — Du!" — Auszählreime sind so praktisch; sie helfen eine Entscheidung zu fällen, durch Glück und Zufall. Wer als Letzter übrigbleibt, der darf — mit dem Fangenspielen beginnen, mit dem Suchen der Versteckten, mit dem Schussern. Die Frage „Wer darf?" wird bei Kindern auf diese Weise rasch gelöst bei ihren Spielen.

Die richtigen Bedingungen

Erwachsene machen es sich erheblich schwerer und müssen das leider auch. Es geht bei ihnen ja meistens nicht um Spiele. „Wer darf — Auto fahren?" zum Beispiel, stellt eine Frage dar, an der sich oft Glück oder Unglück eines Menschen, einer Familie entscheidet. Die Antwort wird nicht durch einen Auszählreim gefunden. Die Führerscheinprüfung sagt genau, wer darf und wer nicht, wenn es nicht gar eine Gerichtsverhandlung entscheidet, wer die Fahrerlaubnis behält, und wer nicht und wie lange.
Wer darf — sagen wir einmal, Kandidat auf einer Wahlliste werden, und sich z. B. zum Bürgermeister wählen lassen, zum Kreisrat, womöglich gar zum Abgeordneten für den Bundestag? Wer darf — sich als Vertreter einer bestimmten Gruppe oder Versammlung fühlen und in deren Namen sprechen? Wer darf — ein Ehrenamt bekleiden, im Verein, in der Gemeinde?
Heikle Fragen, oft gar nicht leicht zu beantworten. Nicht nur Können und Wissen spielen eine Rolle, ob nun einer „darf", sondern auch sein persönliches Ver-

halten, seine Glaubwürdigkeit, seine untadelige Lebensführung. Es gibt für jede Erlaubnis, der richtige Mann zu sein oder die erstrebte Tätigkeit auszuüben, einen ganzen Katalog von Voraussetzungen, die erfüllt werden müssen.

Wer darf sich „Christ“ nennen?

Gehen wir einen Schritt weiter. Fragen wir einmal: Wer darf sich eigentlich mit Fug und Recht Christ nennen? Es muß ja wohl auch hier Bedingungen oder Leistungen geben, die erst dazu berechtigen.
Die juristische Antwort ist denkbar einfach. Wer getauft ist und einer Kirche angehört (also wer nicht ausgetreten ist) und Kirchensteuer zahlt, darf sich Christ nennen.
Schwieriger ist es schon bei den Angehörigen von Sekten oder staatlich nicht als Kirchen anerkannten religiösen Gruppen. Aber lassen wir das einmal beiseite.
Sicherlich fühlt sich keiner von uns bei dieser Antwort wohl. So einfach geht es denn doch nicht. Ein Stempel und eine relativ geringe Summe Geld pro Monat können doch keinen zum Christen machen? Wenn wir auch nicht gerade eine Art Führerscheinprüfung einführen wollen für alle diejenigen, die sich Christen nennen möchten (aber vielleicht denkt mancher mit Schrecken an seine Konfirmandenprüfung), so ist uns doch klar, daß irgendwelche Bedingungen erfüllt werden müssen. Sie haben es sicher mit der Art und Qualität des menschlichen Verhaltens zu tun, nicht nur mit Geld und Formularen.

Fragen wir, wie Jesus wohl diese heikle Sache entschieden hat. Dazu will ich „Christ sein“ einmal mit anderen Worten ausdrücken. Im Neuen Testament wurden die Leute, die sich zu Jesus Christus hielten, als seine Nachfolger bezeichnet. Das sind also Christen, die Jesus „nachfolgen“; in der Zeit seines Erdenlebens natürlich in dem Sinn, daß sie mit ihm herumwanderten. In der Zeit danach galten alle die als „Christen“, die sich zu ihm hielten in Worten und Taten.

Wie kamen sie aber dazu? Vor allem, wie ging es ganz am Anfang zu? Denn daran können wir ja sehen, wie es grundsätzlich gelten soll.

Zu einem bestimmten Zeitpunkt waren alle weggelaufen, die Jesus zu sich gerufen hatte. Das war am Karfreitag, nach dem Tod Jesu. An Ostern holte sie der Auferstandene zurück. Er rief die feigen Flüchtlinge wieder zu sich und machte sie von neuem zu seinen „Nachfolgern“.

Nun kann man in den Ostergeschichten des Neuen Testaments besonders gut sehen, welche Bedingungen Jesus stellt; wer nach seiner Meinung Christ sein darf, sich nach ihm nennen darf.

Die Bedingung heißt: Keiner muß glauben — aber der Gerufene soll gehorchen, hingehen, mit Christus leben, von ihm berichten. Ist das nicht äußerst erstaunlich? Kein Glaubensbekenntnis, kein Sittenzeugnis, keine Leistungsstatistik sind nötig. Sogar richtiggehend ungläubige Männer und Frauen stellt Jesus direkt in seinen Dienst und gibt ihnen seine Aufträge.

Wer es nachprüfen will, möge nachlesen: Markus 16,

Vers 11 und 13 bis 15; oder Lukas 24, von Vers 36 an; besonders Matthäus 28, von Vers 17 an „... und als sie ihn sahen, fielen sie vor ihm nieder, *einige aber zweifelten.* Da trat Jesus zu ihnen und sprach: ... Geht hin und macht zu Jüngern alle Völker, taufet sie ..." usw.
Diejenigen also, die zweifeln, bekommen den Auftrag Jesu, sie können sich „Christen nennen".

Ostern bringt es an den Tag

Mit Ostern beginnt wirklich etwas Neues. Es zeigt sich, daß Christus jedermann recht ist, der sich nach seinem Tod noch um ihn kümmert. So möchte ich die einzige Bedingung nennen, die gestellt wird. Jeder, der sich um Jesus Christus kümmert in seinem Leben und Denken, darf sich Christ nennen.
Wie dann dieses „Kümmern um Jesus" aussieht, ist eine andere Frage. Zunächst einmal bleibt das für mich eine der großen Osterüberraschungen, daß zum Anfang und zur Grundlage des Christenlebens so wenig gehört. Sogar Zweifel – und wer kennt sie nicht?! – schließt das nicht aus: Wer sich um Jesus kümmert, der darf sich Christ nennen. Sind Sie auch dabei?

GEDULD, GEDULD

Wohl keiner von uns wird sagen können, wie oft er in jedem Jahr die Worte hörte „Geduld muß man haben“, oder auch, wie oft er selbst so sagte. Im Neuen Testament begegnen uns die Ausdrücke „Geduld“ und „Geduld haben“ etwa vierzig- bis fünfzigmal. Sie sind immer als Ermunterung, als Trost gedacht. Wir stimmen wohl immer zu, wenn jemand uns so anspricht – aber es fällt uns meistens sehr schwer, die Geduld aufzubringen, die wir so nötig brauchen. Vielleicht hängt das damit zusammen, daß wir nicht so recht wissen, wie dieses Wort aussieht, wie es in Leben umgewandelt werden kann. Dieser Frage will ich hier nachgehen.

Eine alte griechische Sage erzählt, daß weit, weit im Westen ein Riese namens Atlas steht. Er trägt das Himmelsgewölbe und läßt die gewaltige Last geduldig auf seinen Schultern ruhen. Würde er seinen Platz verlassen und sich der Last entledigen, bräche das Himmelsgewölbe herunter und würde die Erde verschütten.

Sieht Geduld so aus? Daß wir dastehen an einem Punkt unseres Lebens und die Last tragen, die uns auferlegt ist? Eine Last, mag sie nun Krankheit heißen oder Eheprobleme oder Alleinsein oder Unzufriedenheit im Beruf. Geduld haben, hieße dann: Da stehenbleiben, gebeugt unter die Last, warten, bis sie entweder abgeschmolzen wird durch die Länge der Zeit oder bis sie plötzlich und unerwartet weggenommen wird. Oder aber: Warten, bis wir eines Augenblickes zusammenbrechen und alles ein Ende hat.

Ich habe Angst vor einer solchen Art von Geduld; ich

meine nicht, daß sie die richtige Art darstellt. Ich habe Angst, daß ein Mensch, der sein Schicksal auf eine solche Art zu tragen versucht, stumm wird. Ihm vergehen die Worte, weil er die Zähne zusammenbeißen muß. Er wird starr und steif in seinem Leben, weil er sich nicht mehr zu bewegen wagt. Er wird regungslos wie ein Hund, der – angekettet an einen Pfahl – mit geschlossenen Augen daliegt und wartet, bis sich irgend etwas ereignet.

Wenn das Neue Testament, wenn Jesus oder die Apostel von Geduld sprechen, malen sie ein anderes Bild. Sie zeichnen einen Menschen, der auf einem Weg wandert. Er kommt von einem Anfang her und geht auf ein Ziel zu. Mag sein, daß er allein durch eine Wüste wandert mit ihrer dürren Endlosigkeit, mag sein, daß er durch einen Urwald geht mit seinen tausenderlei Irrwegen und Gefahren. Ein geduldiger Mensch aber geht weiter, unbeirrbar weiter auf dem Weg, der ihm gezeigt wird. Er vergißt weder seinen Auftrag, der von Gott gegeben ist, noch verliert er das Ende des Weges aus dem Blick, das ihm von Gott gesetzt ist.

Diese Art von Geduld möchte ich lernen. Ich weiß, daß sie nicht leicht ist. Aber es wird keine starre, leblose Haltung daraus, sondern eine langsame, zähe und ausdauernde Bewegung.

Ich stelle mir vor, daß diese Art von Geduld nicht stumm bleibt, sondern sie geschieht in Fragen und Antworten – Hören bei Gott und den Menschen.

So wird sich der eine fragen, warum er wohl in seiner Ehe nicht mehr zurechtkommt. Vielleicht bekommt er die Antwort, daß er zu viel an sich selbst gedacht hat und zu wenig auf die Wünsche seines Partners achtete und auf die Veränderungen, die dieser durchmachte.

Ein anderer wird auf die Frage nach dem Anfang seiner Unerfülltheit im Beruf eine Antwort bekommen; etwa die, daß er zu wenig gemerkt hat, wie sich die Zeit veränderte und daß er nicht mitgekommen ist, sondern immer derselbe starre, vielleicht sogar sture Mensch geblieben ist.
Es können und müssen viele Fragen gestellt und Antworten gegeben werden. Sie sind alle miteinander sehr unangenehm für uns, weil sie uns mahnen, nicht stehenzubleiben, sondern uns zu verwandeln, neu zu werden.
Eine Antwort aber bekommen wir gratis und umsonst dazu. Sie kommt von Gott und lautet: Einmal wird ein Ende sein. Es kommt das Ende eines Problems, einer Krise, einer quälenden Bedrückung. Und einer, der fragt, wie es mit seinem Leben steht, wird hören, daß auch dieses ein Ende haben wird.
Das bleibt allerdings nicht das letzte Wort Gottes. Er fügt noch etwas hinzu. Im Matthäus-Evangelium (Kap. 24, Vers 13) steht: „Wer aber Geduld hat bis ans Ende, der wird gerettet werden." Hier ist vom Ende eines Lebens die Rede, das unter größten Gefahren und Schwierigkeiten im Glauben sein Ziel erreicht hat. Dieses Wort spricht davon, daß ein Mensch, der sich zu Jesus Christus hinwendet, nie im Unheil, sondern im Heil enden wird.
Ich bin der Überzeugung, daß wir diese Antwort Gottes auch auf die verschiedenen Etappen unseres Lebensweges anwenden dürfen. Wir werden nicht andauernd von einem Happy-End zum anderen gelangen. Aber immer werden wir am Ende einer problematischen Wegstrecke ein Stück Heil Gottes erleben. Er läßt uns auch im finstern Tal nicht im Stich.

HELFEN UND HELFENLASSEN

Unsere Zeit ist nicht ganz so schlecht, wie viele Leute behaupten. Wie seit eh und je liegt vieles im argen und manches im ärgsten, aber in einem Bereich des Lebens sicher nicht. Die Bereitschaft zum Helfen ist im vergangenen halben Jahrhundert wohl kaum so allgemein und stark gewesen wie in den letzten fünf bis zehn Jahren.

Hilfe weit und breit

Hilfe geht rund um den Erdball, über alle Grenzen weg. Entwicklungshilfe, Brot für die Welt, Misereor, spontane Hilfsmaßnahmen und Spendenaktionen bei Katastrophen im Inland und Ausland gehören zur Tagesordnung. Millionen und aber Millionen Mark werden gesammelt. Was noch mehr zählt: Viele junge Menschen drängen sich danach, soziale Berufe zu ergreifen. Sozialarbeiter, Fürsorgerin, Mitarbeiter in einer Beratungsstelle zu werden, ist heutzutage ein erstrebenswertes Ziel. „Soziales Engagement", das heißt das Eintreten für benachteiligte Menschen aller Art, Rasse und völkischer Zugehörigkeit, ist nicht nur ein Schlagwort, sondern lebendige Wirklichkeit unter uns.
Der Ruf Jesu zur tätigen Nächstenliebe wird auf diese Weise in sehr reichem Maße verwirklicht — innerhalb und außerhalb der Kirche. Nachdenklich stimmt dabei, daß ein guter Teil der Anstöße dazu nicht so sehr von der Kirche herrührt, sondern letzten Endes vom Begründer der sozialistischen, kommunistischen Ideen, von Karl Marx.

Diese Leidenschaft zu helfen soll kein bißchen abgewertet werden. Ich will sie aber noch von einer anderen Seite betrachten. Dabei fällt folgendes auf: Nahezu alle, die vom Helfen, vom sozialen Handeln, sprechen, sehen sich selbst ausschließlich in der Rolle des Helfers. Sie sind es, die zu den Armen, Verachteten, Unterdrückten hingehen, um ihre Rechte zu vertreten. Sie setzen ihre ganze Kraft ein zum Bessern und Heilen. Weil sie selbst stark sind, können sie helfen.

Aber: Woher nehmen sie ihre Stärke? Sind es immer nur die anderen, die Hilfe brauchen; sie selbst nie? Noch etwas anderes kommt dazu: So anstrengend es ist zu helfen, so großartig ist es auch. Jeder von uns kennt das tiefe Gefühl von Befriedigung, das in uns entsteht, wenn wir Hilfe leisten konnten. Das glückliche Gesicht des Kranken, den wir besuchten, der Dankbrief, das kleine Geschenk für Mitarbeit, für finanzielle Hilfe, für Trost und Rat – wir freuen uns darüber und sind schnell bereit, wieder einmal zu helfen.

Die Kunst sich helfen zu lassen

Wer aber läßt sich selbst gerne helfen? Den meisten Menschen fällt das sehr schwer. Fast durchweg verstehen wir es als demütigend, Hilfe annehmen zu müssen oder gar darum zu bitten. Besonders dann, wenn keine Aussicht besteht, in gleicher Weise zurückzuerstatten, was uns gegeben wurde.

Wer sich helfen lassen muß, gibt zu, daß mit ihm an einem oder mehreren Punkten nichts los ist. Da ist er schwach, da schafft er die Probleme des Lebens nicht allein. An Hilfe bei gelegentlichem Kranksein haben wir uns gewöhnt; das empfinden wir nicht als ehrenrührig. Für Arzt und Krankenhaus muß man schließlich auch bezahlen! Aber um Hilfe zu erbitten, wenn es mit der Erziehung der Kinder nicht klappt – wer tut das gern? Wir schimpfen lieber mit Nachbarn über Kinder, sogar über den Ehepartner, als daß wir unsere Rat- und Hilflosigkeit eingestehen. Der Weg zum Pfarrer, zum Berater, zum Psychologen fordert viel, für manche allzuviel, nämlich die Bitte um Hilfe.

Persönliches unangenehm?

Probleme des persönlichen Lebens zu besprechen und zu bearbeiten, ist unangenehm. Der andere merkt dabei, daß bei uns etwas nicht stimmt. Er kann uns unser Versagen direkt auf den Kopf zusagen. Welche Blamage, wenn wir unfähig dastehen und den anderen bitten müssen, mit uns zusammen den Karren aus dem Dreck zu ziehen. Sich selbst helfen zu lassen scheint uns viel schwerer zu sein als anderen zu helfen. Sich hinzusetzen, voll Hoffnung und Dank, zu erwarten, daß der Mann, die Frau nebenan alles in Ordnung bringt – welches Kunststück.
Gerade das will gelernt sein. Auch im Namen Jesu Christi. Wer nur den anderen hilft, ohne sich selbst helfen zu lassen, handelt wie ein Hochstapler. Er behauptet, immer Kraft zu haben, immer den richtigen Weg zu finden, immer bereit zu sein. Das wäre natürlich schlicht gelogen. So weit bringt es niemand. Aus Täuschung aber kann keiner leben – und erst recht nicht helfen.

Der Lohn des Helfenlassens

Sich helfen zu lassen, gehört als Kehrseite der Medaille zum Helfen dazu. Wer es fertigbringt, wird nicht nur

neue Kraft zu weiteren Hilfeleistungen in sich wachsen fühlen, sondern auch eine überraschende Entdeckung machen. Hilfe anzunehmen bringt uns dem Menschen näher. Die Herzen öffnen sich leichter, die Zungen lösen sich lieber, wenn wir nicht immer nur die starken Helfer, sondern auch immer wieder die schwachen Bedürftigen sind. Was uns zunächst als Blamage vorkommt, erweist sich als Gewinn: Zur Hilfe, zur neuen Kraft kommt als Dreingabe die herzliche Verbundenheit mit dem Helfenden.
Wer sich helfen läßt, lebt wahrhaftiger.

NACH-DENKEN

In den letzten Jahren hat sich in kirchlichen und auch nichtkirchlichen Kreisen eine neue Entwicklung gezeigt. Ein uraltes, fast vergessenes Wort wird wieder häufiger gebraucht. Die damit gemeinte Tätigkeit wird wieder neu aufgegriffen, ausprobiert, gelernt und geübt. Es geht um „meditieren", um „Meditation". Das Wort bedeutet nichts anderes als „nachdenken". Allerdings nachdenken in einer ganz bestimmten Form.
Darum möchte ich mit Ihnen, lieber Leser, ein bißchen über unser Nachdenken nachdenken. Das klingt komisch. Aber es ist eine fruchtbare Tätigkeit.

Geradeaus-Denken

Die uns bekannteste Form des Denkens könnte man „Geradeaus-Denken" nennen. Sie geht so vor sich, wie wir laufen. Wir setzen Schritt vor Schritt und gelangen so zielsicher von einem Ort zum anderen. Dieses Denken verläuft meistens nach dem Schema: Wenn — dann. Wenn ich das eine tue, kommt das andere dabei heraus.
Ein Beispiel: Wenn ich die Kerze anzünde, dann brennt sie. Sie brennt, deshalb leuchtet sie. Wenn sie brennt, dann ist sie eines Augenblicks ausgebrannt. Wenn sie leuchtet, kann ich damit ein dunkles Zimmer hell machen.
Beim Geradeaus-Denken verbinden wir Ursache und Wirkung. Auf diesem Denken beruhen alle unsere Pläne („Wenn es heute schön ist, kann ich draußen arbeiten"). Nach dieser Denkart verfährt die moderne Wissenschaft und Technik. Ihr verdanken wir alle Er-

findungen und alle Konstruktionen, von denen wir tagtäglich leben („Wenn Benzin verbrennt, dehnt sich die Luft aus und kann dann die Motorkolben antreiben, deshalb kann ich Auto fahren“). Niemand soll also sagen, es wäre eine unpraktische Art, so zu denken. Ganz im Gegenteil. Wir könnten gar nicht leben ohne sie. Aber es geht auch anders.

Denken in Kreisen

Wenn wir ein Kunstwerk betrachten, etwa eine schöne alte Kirche, sehen wir sie nicht nur von einem Fleck aus an. Wir gehen langsam um sie herum und schauen sie von allen möglichen Blickwinkeln aus an. Dabei prägt sie sich sehr viel deutlicher in die Erinnerung ein. Wir bekommen ein viel stärkeres Gefühl für dieses Bauwerk.
Diese Art Denken ist mit dem Wort „meditieren“ gemeint. Wir denken in Kreisen um etwas herum und lassen es von allen Seiten auf uns wirken. Wir kommen der Sache innerlich sehr viel näher dadurch, nehmen sozusagen inneren Kontakt auf und verbinden sie mit unserem Erleben.
Ein Beispiel: Die Kerze brennt. Ich freue mich und schaue gern in die Flamme. Sie zittert im Lufthauch. Sie brennt unten blau, oben gelb. Das Licht gibt mir zugleich Wärme. Die Flamme strahlt Licht aus — und sie verzehrt sich dabei. Sie brennt, leuchtet und verbrennt dabei.
Merken Sie den Unterschied: Das Geradeaus-Denken stellt fest, wie man mit den Sachen hantieren kann, wie sie funktionieren. Das Denken in Kreisen erkennt und beschreibt, wie die Dinge ihrer inneren Art nach sind, wie sie sich zeigen, was wir damit zu tun haben.

Denken nach innen

Das Meditieren, die Meditation, könnte man auch als Denken nach innen bezeichnen. Es versucht nicht festzustellen, wie die Dinge funktionieren, sondern wie sie im Kern ihres Wesens sind. Zum Beispiel: Eine Kerze ist Licht, wenn sie brennt, sie ist zugleich Wärme – und wir alle leben vom Licht und von der Wärme. Wir können selbst Licht spenden und Wärme an andere abgeben.
Wer sein ganzes Leben lang nur geradeaus denkt, bringt es vielleicht ziemlich weit. Er weiß, wie die Dinge funktionieren und versteht es, damit zu hantieren. Aber er gerät in Gefahr, nur an der Oberfläche des Lebens zu bleiben. So etwa wie eine Mutter, die nur daran denkt, was einmal aus ihrem Kind werden soll. Vielleicht macht sie durch ihre Erziehung einen berühmten und erfolgreichen Menschen aus ihrem Kind. Aber es könnte leicht geschehen, daß sie gar nicht mehr erkennt, wie das Kind seiner Eigenart nach ist, wie sein Herz und seine Gefühle beschaffen sind.

Worten nach-denken

Wir können nicht nur über Dinge nach-denken, sondern auch über Worte. Beim Meditieren lassen wir sie sozusagen vorausgehen und wandern hinterher, wir üben uns im Nach-Denken.
Für den Glauben ist es wichtig, über die Worte der Heiligen Schrift nachzudenken, sie in ihrem Wesen zu erkennen, ihren Kern zu erfassen und sie mit unserem Leben zu verbinden.
Das entdecken viele Menschen zur Zeit von neuem. Und sie erleben erstaunt, daß aus diesem Nach-Denken neue Kraft und Stärke erwächst.

Vielleicht haben Sie in der kommenden Zeit einmal Ruhe, dieses Denken im Kreis und nach innen zu versuchen. Ein Beispiel: Christus spricht: „Ich bin das Licht der Welt". Das Licht leuchtet, es wärmt, es verzehrt sich. Ich freue mich daran, ich brauche Licht und Wärme zum Leben.
Bitte, denken Sie weiter nach.

UNSER PFARRER

Zu einer ordentlichen Gemeinde gehört (mindestens) ein Pfarrer. Daß zu ihr auch noch die verschiedensten Mitarbeiter gehören, ohne die eine Gemeinde nicht leben kann, sei sofort festgehalten. Aber den Pfarrer sieht man am besten, er steht meistens vorne — am Altar, auf der Kanzel, am Lehrerpult, am Rednerpult usw. Er ist ein Mensch, der sehr verschieden gesehen und beurteilt werden kann, je nach der Seite, von der man ihn anschaut.

Von unten

Für die meisten Leute ist der Pfarrer einer, der predigt, manchmal auch abkanzelt. Er hält eine Rede über ein Bibelwort. Vieles langweilt dabei, manches ärgert, manches tröstet, einiges regt an, regt auf. Man weiß nie so recht, wo der Herr im Talar seine Weisheiten herhat. Hat er sie auf der Universität gelernt — und trägt sie jetzt der Reihe nach vor? Oder lernt er sie sozusagen im Zusammenleben mit seiner Gemeinde? Er verkündigt Gottes Wort — aber er ist selbst doch nur ein Mensch.
Viele Pfarrer gibt es, die nicht ohne Grund berichten, daß sie pro Woche zehn bis zwanzig Stunden für die zwanzig Minuten Predigt arbeiten. Das erscheint fast unglaublich, wenn man sich überlegt, wie leicht und gründlich eine Predigt vergessen wird.
Von unten gesehen ist der Pfarrer einer, der mit Autorität spricht und dem man geneigt ist, einiges abzunehmen. Er macht fast den Eindruck, als wäre er der Vertreter einer fremden Welt.

Von der Seite

Wenn man im Umkreis des Pfarrhauses wohnt, sieht der Mann gleich anders aus. Er ist auch nur ein Mensch, der lebt wie wir. Er hat seine Arbeit zu tun und freut sich, wenn er einmal ausruhen kann. Manchmal brennt das Licht lange in der Nacht im Arbeitszimmer und manchmal schläft er gründlich aus. Er kauft ein, fährt mit dem Auto durch die Gegend, hat (meistens) Frau und Kinder. Erstere kann genauso sein wie andere Frauen, unleidlich oder nett, hübsch oder häßlich; letztere sind nur zu oft recht frech und entsprechen gar nicht dem Bild, das wir uns so gerne von einem „heiligen Haus" machen würden. Der Pfarrer pflegt seinen Garten und sein Auto schlecht oder recht, hat Hobbys oder seinen Spleen, ebenso wie wir.
Gottseidank ist der Pfarrer auch nur ein Mensch. Deshalb kann man mit ihm reden, hoffentlich ganz ohne Scheu. Er ist eigentlich einer ganz aus unserer Mitte.

Von hinten

Trotzdem sehen viele Leute den Pfarrer lieber von hinten. Er hat etwas an sich, das normales Arbeitsleben stören kann. Die ewigen Bitten um Spenden und Opfer sind nicht einmal das schlimmste, obwohl sie zur Last fallen können. Aber die Pfarrer haben es an sich, Unruhe im Inneren zu stiften. Sie erinnern immerzu daran, daß wir nicht einfach so leben und denken können, wie es uns am besten passen würde. Auch dann, wenn sie kein Wort verlieren, auch wenn sie weder schwarze Anzüge tragen noch andauernd Bibelworte zitieren.
Der Pfarrer stört oft ganz einfach; darum sieht man ihn lieber von hinten. Irgendwie ist er ein Fremdkör-

per im Alltag. Besonders dann, wenn er gelegentlich im Wirtshaus sitzt und Bier trinkt oder das Tanzbein schwingt oder gar für eine politische Richtung eintritt. Darf der Repräsentant des Himmels so sein?

Von vorne

Ja, glücklicherweise darf er es! Obwohl manche Situationen uns lieber sind als andere. Wenn wir im Krankenhaus liegen und von ihm Besuch bekommen, ist der Pfarrer meist ein willkommener Gast. Er kann — mit Einschränkungen — manchmal trösten, wie andere das nicht können. Oder er sieht und hört unsere Probleme, obwohl wir selbst darüber gar nicht so genau Bescheid wissen. Da kann er dann, gerade weil er ein Stück Himmelsluft mitbringt, die nicht zu dieser Erde gehört, der richtige Mann zur richtigen Zeit am richtigen Ort sein.

Insgesamt

Insgesamt bietet uns unser Pfarrer ein verwirrendes Bild, wenn wir es recht überlegen. Er paßt zu uns — und paßt doch nicht; er ist willkommen und trotzdem wollen wir ihm nicht zu nahe kommen. Er kann mit ein paar Worten fürchterlichen Schaden anrichten und uns für immer von Glaube und Kirche vertreiben. Er kann aber genauso uns aus dunklen Tiefen zurechtholen und wieder auf die Beine stellen. Merkwürdige Menschen, diese Pfarrer.
Wie mögen sie sich wohl selbst fühlen? Es müßte interessant sein, sich einmal mit einem von den Pfarrern zu unterhalten. Haben Sie es schon einmal probiert? Es wäre wohl wert, einmal einen Versuch zu unternehmen.

NULLPUNKT

„Fünf — vier — drei — zwei — eins — null." Diese früher ungewohnte Zählweise kennt heute jedes Kind. Wir alle erinnern uns an die Berichte über die Starts der großen Weltraumraketen. „Null" — der Nullpunkt war der entscheidende Augenblick, von dem alles abhing. Seit dieser Zeit hat für mich diese Zahl eine neue Bedeutung gewonnen.

Ein Frageversuch

Ich schlage Ihnen einen kleinen Versuch vor. Fragen Sie sich selbst und fragen Sie auch einige Bekannte, woran sie zuerst denken, wenn sie das Wort „Nullpunkt" hören. Ich tat es und bekam etwa folgende Antworten: „Wenn man ganz unten ist" — „Wenn etwas ganz zu Ende ist" — „Wenn etwas Neues beginnt" — „1945" — „Wenn etwas aufhört und etwas anderes anfängt".

Vermutlich kann man die Gefragten anhand ihrer Antworten nicht in Optimisten und Pessimisten einteilen. Dazu hängt der erste Einfall zu so einer Frage zu sehr von der Augenblicksstimmung ab. Es kommt auch darauf gar nicht an. Die Antworten zusammengenommen sind interessant und wichtig. Sie zeigen, daß jeder Nullpunkt zwei Gesichter hat: Aufhören und Neubeginn.

Sehr deutlich wird mir das beim Start einer Rakete. Die Vorbereitungszeit geht zu Ende. Unwiderruflich und unaufhaltsam. Es kann alles Bisherige in einer Katastrophe enden. Aber wenn alles gutgeht, hebt die Rakete ab, und mit ihr beginnt etwas Neues, noch nie Dagewesenes.

Vielleicht denkt der eine oder andere auch an den Nullpunkt in der Silvesternacht. Das Jahr ist zu Ende – das neue Jahr beginnt. An dem, was hinter uns liegt, können wir nichts mehr verändern. Mißerfolge und Erfolge bleiben bestehen, Gutes und Schlechtes, das wir uns und anderen angetan haben, läßt sich nicht mehr aus der Welt schaffen. Die gegrabene Spur bleibt, wenn sie vielleicht auch irgendwann wieder zuwächst.
Aber zugleich beginnt ein neues Jahr. Eine Zeit voller Möglichkeiten. Wer weiß, was es uns bringt. Wer weiß, was wir in ihm anderen bringen können.

Nullpunkt im Glaubensleben

Einen anderen Nullpunkt kenne ich. Er spielt sich in unserem Glaubensleben ab. Wir nehmen ihn meistens nicht recht wahr. Er ist in der Tat auch schwer zu erkennen. Vor allem ist er schwierig zu erfühlen und kaum zu verstehen. Er ist sozusagen unglaublich – und doch gehört er zu den Kernpunkten unseres Glaubens.
Spätestens seit dem Konfirmandenunterricht wissen wir, daß das Herzstück unseres lutherischen Glaubens die sogenannte Lehre von der Rechtfertigung ist. Sie besagt, einmal recht einfach ausgedrückt, folgendes: Vor dem kritisch urteilenden Blick Gottes hat der Mensch nichts, absolut nichts zu melden. Er befindet sich am totalen Nullpunkt. Er kann machen, was er will – Gutes oder Böses –, es nützt ihm nichts. Er ist und bleibt verloren, vom verderbenden Gericht bedroht.
Aber gerade an diesem Nullpunkt setzt Gott neu ein. Jetzt beginnt er sein Werk. Um der Liebe willen, um

Jesu Christi willen, sagt Gott: Mit dir ist nichts los, du bist eine Null, ein Sünder. Aber: Ich mache etwas aus dir. Ich mache dich zu einem Menschen, wie ich ihn haben will. Und an diesen Urteilsspruch hält sich Gott. Er schaut nicht auf das, was schlecht und verdorben ist, sondern auf das Neue und Gute, das er mit uns anfängt.
Ist das nicht erstaunlich? Das geht ganz gegen unsere normalen Vorstellungen, sogar gegen unsere Ideen von Gerechtigkeit. Aber Gott ist nicht im irdischen Sinn unserer Gerichtsbarkeit gerecht. Er ist vielmehr barmherzig. Aus dem Nullpunkt wird ein neuer Anfang. Aus dem vergehenden Leben wächst ein neues Dasein.

Anfangspunkt im Leben

Wie sieht das nun praktisch aus? Erfahren kann das wohl nur ein Mensch, der selbst den Nullpunkt erlebt. Gerade dann, wenn er zu der bitteren Erkenntnis kommt, daß mit ihm wirklich nichts los ist, dann kann er sich sagen — oder vielleicht muß es ihm ein anderer sagen, geradezu einhämmern —, daß hier sein neuer Anfang liegt. So wie die Rakete zum Zeitpunkt Null abhebt zu ihrem neuen Weg, so wie das neue Jahr im Augenblick des Endes eines alten Jahres beginnt, so fängt auch unser neues Leben im Scheitern des alten an.
Ein Stück davon können wir nach jedem handfesten Krach zwischen Eheleuten oder Freunden erleben. Nach dem Wortwechsel ist alles Porzellan zerbrochen, alles scheint nur noch Trümmer und Scheußlichkeit zu sein. Wir haben uns mit allem angegiftet und geschrien, was negativ ist, was zerstört und verdorben

scheint. Und gerade in diesem Augenblick ist die Atmosphäre gereinigt.
Es kann nicht nur, es muß etwas Neues beginnen. Wenn wir uns entschließen, überhaupt den Versuch zu machen, beieinander zu bleiben und nicht auseinanderzugehen, dann können wir den Schutt wegräumen oder auf ihm etwas Neues bauen.
Wie gesagt, das ist nur ein Beispiel. Uns normalen Menschen gelingt nicht einmal immer dies. Um so erstaunlicher, daß Gott den Nullpunkt als Anfangspunkt rechnet. Aber wir können uns darauf verlassen. Er ist zuverlässig.

DAS UNWAHRSCHEINLICHE

Unwahrscheinliches ist nicht sehr gefragt heute. Es beunruhigt, es stört eine saubere Planung, es droht sogar, unser Leben an entscheidender Stelle durcheinander zu bringen. Jesus ist offenbar anderer Meinung. Er spricht zumindest an einer bekannten Stelle (es gäbe aber noch viele andere aufzuzählen!) davon, daß erst das Rechnen mit einem unwahrscheinlichen Ereignis das Leben ins rechte Lot bringt.

Der Erntedankärger

Mich wundert von Jahr zu Jahr mehr, daß sich die Kirchgänger so wenig über das Gleichnis ärgern, das am Erntedankfest vorgelesen wird (Lukas 12, 16 bis 21). Ein Bauer, so erzählt Jesus, erwartet eine sehr reiche Ernte, und er plant den Bau einer neuen Lagerhalle. Ausgerechnet diesen Mann, der so sauber plant, damit das Getreide nicht verdirbt und er seinen nötigen Verdienst sichert, nennt Jesus einen Narren, einen Dummkopf. Das sollte uns doch wirklich zum Ärger verleiten.

Warum redet Jesus so? Der Mann rechnete exakt und handelte verantwortungsvoll. Zum Dummkopf wird er, sagt Jesus, weil er nicht mit seinem Tod in der kommenden Nacht rechnete. Das war für ihn das Unwahrscheinliche. Der Bauer hatte sich an die statistische mittlere Lebenserwartung gehalten, die ihm mindestens noch ein paar Jahre zubilligte. Das war sein Fehler. Er hätte das Unwahrscheinliche in seine Rechnung einbeziehen sollen.

Rechnen mit dem Unwahrscheinlichen

Moderne Menschen – bilden wir uns wenigstens ein – rechnen genauer, vorsichtiger. Weitaus mehr als die Hälfte aller Leser dürfte eine Lebensversicherung abgeschlossen haben. Das bedeutet, daß jeder schon seinen Tod als sehr wahrscheinliches Ereignis ins Auge faßte. Eine weitere Frage ist natürlich, wie weit wir tagtäglich mit dem Sterben rechnen. Jedesmal wenn wir ins Auto steigen, bei Arbeitsschluß, bei größeren Anstrengungen?

Nun, bleiben wir erst einmal dabei, daß wir nicht ganz so unvorsichtig sind wie jener Bauer. Wir rechnen, besonders bei großen Planungen, mit unserem Tod und versuchen uns abzusichern, so weit es geht.

Absicherungen

Natürlich geht das mehr schlecht als recht. Was helfen mir und meinen Kindern 10 000 DM Lebensversicherung, wenn meine Frau tödlich verunglücken sollte? Was helfen Ihnen ein paar hunderttausend Mark, falls Ihnen Ihr Haus, Ihr Hof samt Stallungen über dem Kopf wegbrennt? Geld beruhigt auch in diesem Fall, es hilft sogar sehr viel – aber es macht nicht glücklich, es kann vor allem nicht trösten.

Auch wenn wir uns noch so geschickt und umfassend versichern und absichern – sicher sind wir nie. Auch wenn wir uns wappnen mit Gleichmut, Geduld, guter Laune und Hoffnung – der Boden schwankt, auf dem wir stehen.

Reich werden

Unser Platz im Leben der Welt wird sicher und fest, wenn wir ihn abstützen. Dazu eignen sich leider weder

exakte Planungen noch statistische Berechnungen, weder Lebensversicherungen noch Sterbekassen. Worin bestehen dann Absicherungsmöglichkeiten? Jesus spricht am Schluß seines Beispiels vom „Reichsein bei Gott".
Für mich heißt das nichts anderes als „Rechnen mit dem Unwahrscheinlichen". Gott ist unwahrscheinlich. Nicht nur in dem Sinn, daß viele Menschen sich nicht entschließen können, Gott als Realität in ihr Leben einzubeziehen. Viel unwahrscheinlicher ist Gott darin, wie er sich zu uns verhält.
Bleiben wir beim angeschnittenen Thema: Leben und Sterben. Der Tod stellt uns die Frage, welchen Sinn denn die tagtägliche Plackerei hat. Rechnen mit dem Unwahrscheinlichen bedeutet: Ein Leben ist nie sinnlos. Auch dann nicht, wenn es sich sehr einsam zwischen Arbeitsplatz und Kleinstwohnung abspielt, auf einem Hinterhof oder in einem Krankenhaus.
Und wenn wir an das Sterben denken: Rechnen mit dem Unwahrscheinlichen bedeutet nicht die Einplanung des Todes ins Leben. Vielmehr bedeutet es das Warten auf die Auferstehung. Die erscheint uns ja so unwahrscheinlich. Hoffnung auf Auferstehung will ich hier nicht als Vertrösten auf eine bessere Zukunft verstehen. Vielmehr stellt sie das Ziel dar, von dem her wir unser Leben planen können.
Ist eine solche Lebenseinstellung, wie sie Jesus in seinem Gleichnis zeigt, ärgerlich oder erfreulich? Abenteuerlich und anstrengend bleibt sie jedenfalls. Aber den christlichen Glauben kann man auch einmal so betrachten — und ausprobieren.